稳富

北京茗姐——著

中国 友谊出版公司

图书在版编目（CIP）数据

稳富 / 北京茗姐著 . -- 北京 : 中国友谊出版公司，

2025.3. -- ISBN 978-7-5057-6071-4

Ⅰ . F830.59

中国国家版本馆 CIP 数据核字第 2025F4S620 号

书名	稳富
作者	北京茗姐
出版	中国友谊出版公司
发行	中国友谊出版公司
经销	北京时代华语国际传媒股份有限公司　010-83670231
印刷	三河市宏图印务有限公司
规格	690 毫米 ×980 毫米　16 开
	11 印张　107 千字
版次	2025 年 3 月第 1 版
印次	2025 年 3 月第 1 次印刷
书号	ISBN 978-7-5057-6071-4
定价	58.00 元
地址	北京市朝阳区西坝河南里 17 号楼
邮编	100028
电话	（010）64678009

推荐序

在经济学的广阔领域中，个人财务管理不仅是一个历史悠久的议题，更是一门随着时代发展而不断演进的学问。从古至今，合理地获取、管理和增值财富一直是人类社会探索的核心课题。现代社会经济活动的日益复杂化，经济的波动、技术的革新、市场的不确定性，都对个人财务管理提出了前所未有的挑战。正因如此，理性的选择、有效的规划和明智的决策成了实现个人经济目标的关键因素。本书为读者提供了一个全面的理财框架，可以帮助他们在复杂多变的经济环境中稳健前行。

在中国，理财的智慧早已融入我们的文化血脉，成为生活哲学的一部分。自古以来，中国人对于财富的积累和保管都有着独特的见解和方法，这种财富观不仅体现在日常生活的点滴之中，也深深植根于我们的文化和哲学思想里。在中国古代的农业社会中，存钱和理财的智慧便与节气、农时紧密相连。春耕、夏耘、秋收、冬藏，

1

每一个季节都有其特定的经济活动，而如何合理安排这些活动，使得家庭经济得以持续发展，便是每个家庭必须面对的课题。这种与自然节律相协调的经济行为，体现了中国古代人民对财富管理的深刻理解。他们认识到财富的积累并非一蹴而就，而要顺应自然规律，通过长期的劳动和智慧来实现。

中国人常说"勤俭持家"，这句话简单而深刻，它告诉我们，只有勤劳、节俭，才能维持家庭的稳定和繁荣。这种观念与古代儒家思想中的"中庸之道"相呼应，强调适度和平衡，既不过度奢侈，也不过分节俭，而是在两者之间寻找一个合理的度。《论语》中孔子提到"君子爱财，取之有道"，强调了获取财富的正当性，这不仅是对个人道德的要求，也是对社会秩序的维护。财富的获取应当遵循道德和法律，不应损害他人利益，也不应违背社会公德。《孟子》中则讲"富贵不能淫，贫贱不能移"，提醒人们即使在财富面前也要保持本心，不被物质所迷惑。这种思想强调了人的内在修养和道德自律，认为财富只是生活的一部分，而非全部，教导人们在面对财富时，应保持清醒的头脑和坚定的道德立场，不被财富所左右。综上，中国古代的财富观是一种综合了自然规律、道德伦理和个人修养的全面观念。它不仅关注财富的积累和保管，更强调财富的合理使用和对个人品德的塑造。这种观念至今仍对我们的理财行为和生活哲学产生着深远的影响。

随着时间的推移，尽管社会形态发生了巨大的变化，但中国人对于存钱和理财的重视更胜从前。在现代社会，存钱不仅是为了应对不时之需，更是为了实现个人和家庭的长远发展。书中提到，存钱是一种高级的自律，是对生活的一种态度。它不仅仅是为了积累财富，更是为了培养一种理性消费、合理规划的习惯。这种习惯，可以帮助我们在面对生活中的各种挑战时，保持冷静和理智，做出最有利于自己和家庭的决策。

本书不仅介绍了传统的存钱方法，如12存单法、36存单法等，还结合现代社会的特点，提出了许多创新的理财策略。这些策略，既有理论的深度，也有实践的可操作性，为读者提供了全方位的理财指导。同时，本书还涉及消费心理学和行为经济学的相关领域，探讨了消费行为背后的心理机制。在现代经济学理论中，理性人假设是分析经济行为的基础。但现实中人们的消费行为往往受到多种非理性因素的影响。书中通过案例分析，揭示了消费陷阱和心理偏见，引导读者培养更为理性的消费习惯，从而在享受生活的同时，也能有效地积累财富。

本书告诉我们存钱和理财不仅仅是一种经济行为，更是一种生活智慧。它教会我们如何在物质和精神之间找到平衡，如何在个人和家庭之间实现和谐。此外，书中还提供了许多实用的理财工具和资源，如预算模板、储蓄计算器和投资指南等，以帮助读者更好地管理自己的财务。这些工具不仅易于使用，而且能够有效地提高我们的理财效率。通过这些实用的工具，我们可以更加清晰地了解自己的财务状况，制定出更加合理的理财计划。书中作者还分享了自己和他人的存钱故事，这些故事充满了启发性和共鸣，告诉我们无论收入高低，每个人都能通过合理规划和坚持行动，逐步实现自己的财务目标。书中的每一个案例都是对"存钱人精神"的生动诠释，它们激励着我们不断前行，不断追求更好的生活。这些故事和经验，无疑会给我们提供宝贵的启示，帮助我们在理财的道路上少走弯路，更快地实现财务自由。

本书是一本全面而实用的理财指南，它不仅为我们提供了丰富的理财知识和策略，还传递了一种积极的生活态度和价值观。书中的每个章节都像是一盏明灯，照亮了我们在理财道路上的前行之路。作者向读者分享了多年的经验，从存钱的心理学到投资的基本原则，从日常消费的规划到大额支出的决策，每一部分内容都旨在帮助我们建立起一套完整的理财体系。

本书中的每一个建议都是作者基于现实情况的深入思考，旨在帮助我们在经济波动中保持稳健，实现财富的保值增值。这本书不仅为我们提供了一种全新的理财观念，更深刻诠释了"存钱人精神"。作者鼓励我们成为聪明的理财者，用智慧和毅力书写属于自己的财富故事。每一页都充满了智慧的火花，每一章都是对理财智慧的深刻阐述。让我们在阅读中汲取力量，在实践中不断成长，最终实现财务自由，享受更加充实和美好的生活。

总之，本书是一本富有启发性的理财指南，它在向人们传递积极的生活态度和价值观的同时，引导我们在面对未来不确定性风险时，能够通过积极的态度和明智的决策，为自己和家人创造更加美好的未来。让我们一起加油，成为真正的"存钱人"，在经济的挑战和机遇中不断前行，实现个人价值和社会价值的双重提升。

北京大学经济学院经济史学系主任

中国经济思想史学会会长

自序

加油吧，存钱人！

一个人什么时候成长得最快？是失去安全感的时候。

当人生遭遇意外，或上有父母要孝敬，下有孩子要养育，手中却没钱时，你就必须直面辛酸、委屈和绝望。

作家张德芬说过："我已经年过半百，实战经验丰富，我真的可以清清楚楚、斩钉截铁地告诉你：没有人是不可替代的。"

当你不再向外寻求安全感，你的情绪不再被任何人牵着走，也不在乎让你受伤的人时，你会远离那些消耗你的人和事。你的灵魂独立自信，你会好好地爱自己，你值得拥有更好的。

因为你开始明白：真正能够给你撑腰的，是丰富的知识储备、坚实的经济基础、持续稳定的情绪和一个打不败的自己。

在你终于拥有了这些别人拿不走的东西时，你会戒掉依赖，不再内耗，也不再对任何人抱有不切实际的幻想，你制造出了自己的铠甲，铸出了自己的利剑，你开始直面未知的人生。

赚钱不一定是责任，但绝对能带来尊严。存钱可以为你带来幸福，避免囊中羞涩的痛苦。所以一定要在自己赚钱能力强、收入好的几年里，攒足余粮。只有装在兜里的钱，才是生活的底气。

存钱才是人间清醒

当你开始有计划地存钱，有了第一张存单，享受存钱快乐的那一瞬间，说明你已经开始步入人间清醒的阶段。

从这么多年存钱的经验当中，我总结出来存钱的六大好处。

第一，因为你有存款，你会受到别人的尊重。存款意味着你拥有底气，这种底气会让你遇事更为独立和笃定，从而赢得尊重。

第二，因为存钱，你会过上自律的生活。因为要挣钱，就要有充分的精力，要早睡早起，要锻炼身体。为自己将来的生活未雨绸缪，不往医院里送钱，就是攒钱。

第三，因为存钱，你会发现自己越来越有独立思考的能力，越来越有独立判断的能力，越来越有计划性，尤其是对自己的人生做好了规划。

第四，因为存了钱，你的财商得到了提升，会更加主动地接触那些以前根本没有兴趣的财经金融知识，进而增加你的知识量，扩大你的认知范围。

第五，因为存钱，你会发现志同道合的人。存钱人通过群相互交流，相互取经，觉得自己的生活越来越丰富，越来越有信心。很多小伙伴得到一张存单的时候，会晒存单分享自己的喜悦，把这些信息传递给每一个人。

第六，你的行为会潜移默化地影响周围的人。这种习惯是逐渐养成的，它会改变你的生活，慢慢影响到你身边的人。

只有付出了艰辛，才会收获对等的快乐。从月光到有第一张存单，这是一个很艰难很残酷的过程，这个过程实际上就是习惯养成的过程，需要一些强制性的储蓄方法来制约你的消费，约束你去积累人生中的第一桶金。

在这本书里，我们会具体介绍 12 存单法、36 存单法、365 天爱心存钱法、52 周存钱法等，这些储蓄方法哪种适合你现在的情况，你就用哪种方法来强制自己储蓄。普通人如果没有掌握一些方法和技巧，钱是很难存下来的。每月收到工资之后，先刨去固定的开支，剩下的钱你要制订一个临时支出和存钱计划。存下的钱，会逐渐变成应对风险的底气，提高年老以后的幸福指数。

怎么做才能使自己变得更加富有？

第一，一定要做与积累财富有关的事。如果过度关注跟自己没有关系的事，跟赚钱没关系的事，生活就会越来越糟糕。

我们应该更多地关注自身，把时间用在提升自己的价值上。普通人想挣钱，就要拿自己的时间和技能去换。你的能力越强，收入也就越高。工作上积累的经验也好，学习上的提升也罢，都需要拿时间去换。所以一定要把这些时间用在提升个人素养、个人技能方面。

当你开始慢慢提高赚钱的能力，借此来改变你的社会地位，调整你的人生方向时，你的生活和心情也会慢慢变好。你会发现，你周围的大部分琐事和烦恼都会逐渐消失。

退休后，我有大把的休闲娱乐时间。但我参加了各种社区活动，自己还有副业，所以就没有多余的时间去想那些花钱的事。

第二，向内求。有些外在的东西，大多数时候总是求而不得，越求越痛苦。这个时候你就需要内心平和地对待这件事情。向内求，越求越安稳，越求越平稳。因为知足常乐，所以当你内心充盈的时候，你觉得周围的一切都是阳光明媚的。心态平和，做事自然稳，这也是吸引财富的磁场。

第三，慢慢积累。我会每天坚持记账，每天复盘，用 12 存单法和36存单法存钱。我会把每一分钱都花在刀刃上，只买真正需要的东西，坚持践行精简生活，遵循一进一出的原则，只存钱不囤物。我会坚持用利他的思维做视频写文章，坚信财富会慢慢地靠近。我更会努力做一个心态平和的人，远离那些负能量多的人，靠近积极努力的人和事。我会多看书、写字，多看纪录片，坚持每天做一件有意义的善事。

健康和存钱一样，也来自慢慢积累。疾病没有预报，预防永远重于治疗。比如，我会坚持每天晨起正念冥想，让自己每天活力满满，我还坚持晨起练太极，坚持艾灸，每天泡脚、梳头，做一些日常的睡前操，每周两次面部刮痧，以油养肤，让自己优雅地变老。

因为未来无法预知，我们能做的就是不要让今天成为明天的遗憾。创造未来最好的方法，就是从现在开始，不断精进自己。

人这一生，终究还是要跟自己相处。在以后的日子里，希望我们都能学会向内而生，由内到外地让自己变得更强大。去学习，去读书，去看山川河流。看世界，看不一样的风景，走不一样的路，把时间花在值得的事情上，变成更好的自己！只有自己变好了，身边的一切才会好起来。

加油，存钱人，相信我们都会越来越好！

● 目 录

第三章
稳稳的情绪：存钱人要把生活过得津津有味

第四章
稳稳的自己：提升认知，让自己变得更值钱
——

第一章

稳稳的生活

兜里的钱就是生活的底气

存钱是攒足未来的资本

前几天，我遇到了一个老街坊，年轻的时候他在秀水街摆摊，生意做得风生水起，赚了不少钱。那时他开着豪车，生活富足，我们都非常羡慕。但现在他年纪大了，身体也不太好，生活变得困苦。他说特别后悔当初没有把赚的钱攒起来或做一些保障性的投资，而是全都挥霍掉了。

你现在能赚钱，并不代表将来也能赚钱，你现在有钱，也未必会一直有钱。如果努力了一辈子却没有存钱的概念，即便挣得再多，也保障不了今后的生活。而那些生活自律、头脑清醒的人，都能依靠自己的能力赚钱，并且会积极地存钱。

有些人月入一两万元，却为了买一个名牌包，宁愿花掉好几个月的工资。而那些自律的人，即便是月入几千元，也能把大部分钱存起来。坚持下来，就能攒下人生第一桶金。

也有些人，挣了不少钱，觉得不能亏待自己，开始挥霍无度。

但人这一生并不总是一帆风顺，各种因素的变化都可能影响收入。无论在哪个阶段，无论赚多少钱，我们都要存钱。

一定要培养存钱的意识，越早越好。赚得多，不要挥霍；赚得少，就积少成多，细水长流。就算收入低，也可以先从每个月存两三百元开始。

赚钱重要，守住钱更加重要。大部分人都是普通人，靠赚取固定的工资养活自己和家人。尤其是中年人，又要养孩子，又要照顾老人，有的人还要还房贷、车贷。还不敢生病，去一趟医院大几百就没了。

普通人不要盲目投资，赚大钱真的没那么容易，多数说想带你赚钱的人都是想赚你钱的。能安安稳稳地赚点该赚的钱，能存下钱，你就已经跑赢大多数人了。

普通人赚不到认知以外的钱。想挣更多的钱，必须提升自己，多看书、学习，为将来能抓住赚钱机会打下坚实的基础。不羡慕、不嫉妒、不焦虑、不占小便宜，活在当下，过好每一天，把你关注的焦点集中在当下的人、事、物上面，认真地去体验、去品味。吃饭就只是吃饭，专注在每一口食物上；工作就只是工作，专注在手里的每一件事情上。

月存 1000 元，一年就能存 1.2 万元。这 1.2 万元能让你在失业的时候撑过艰难的 6 个月，能在你生一次不大不小的病时不用伸手去借钱，能让你过年回家时不再两手空空，能让你适当地奖励一下辛苦的自己，出去旅游散散心，能让你给自己充充电，抓住一次改变自己命运的学习机会。

那些对你说存钱不能抵御通货膨胀的人，那些说"钱是挣出来的，不是省出来"的人，那些说"钱还在人没了"的人，当你遇到财务危机和生活困境的时候，你往往就找不到他们了。不要想着遇到任何困难时要去依靠谁。一个人最大的悲哀，莫过于看着最亲近的人陷入病痛或困境时，自己因为缺应急的钱而无能为力。

自从开始存钱，我剔除了生活中所有不必要的东西，精简了消费，感觉生活都轻松了，存了钱养了心，也养了颜，更攒足了未来的资本。你要知道，别人的屋檐再大，也不如自己撑起的伞。

碎银几两，能解世间各种慌张

如果手里有 6000 元，那么在你失业的时候，它可以给你 3 个月的喘息时间；你兜里有七八万元，那半年不上班都不会焦虑；如果你有 100 万元，可以在家里悠闲地待上三五年；当你有 500 万元的存款，你就可以有底气地说，后半辈子要好好地为自己活，而且不会畏惧任何人对你的看法。

存钱会暴富吗？当然不会，但存钱能抵御不可预知的未来风险。那些看不上存钱的人，嫌存钱麻烦的人，只有真正遇到急事了才知道存钱有多重要。

人生中总会遇到一些意外，比如公司倒闭、降薪、裁员，很多经历了这些变故的年轻人，他们的生活似乎被迫按下了暂停键，但另外一些人却很少受到影响。差别在于手里存款数量的多少，存款越多，抵御风险的能力、抗压的能力就越强。没有钱则意味着遭遇变故时只能被生活的风浪卷走，没有选择的余地。所以我们在充满不确定的环境中，手中有余粮，心里才踏实。

现在的快节奏生活给我们带来的是快节奏消费，这种快节奏的消费，并不能给我们带来太多的快乐，反而会带来更多的焦虑、烦恼。当你想要的太多，又得不到的时候，你可能就会陷入消费陷阱，比如透支信用卡，产生一些小额贷款，等等。所以作为普通人，我们没有必要拼了命地去消费那些超出自己消费能力的东西。在自己的能力范围内好好享受自己的生活，你挣 3000 元就过 3000 元消费水平的生活，挣1万元就过1万元消费水平的生活,不要花超出我们能力范围的钱,也不要想着去挣超出我们认知水平的钱。

这几年,钱要省着花。有多大能力就花多少钱,不超前消费,衣服能穿就不要买新的,能带饭就不点外卖,能喝白开水就不喝饮料。尽量减少那些没有必要的开销,改掉一些消费中的坏习惯,降低物欲、降低消费,是每一个存钱人必须做的事。

存钱不在多少,在于从什么时候开始,能不能坚持。只要开始就都不晚,只要坚持就能慢慢变富。我们不羡慕别人,也不苛求自己,有计划地花钱、存钱,生活充实,每一天都充满希望。

存钱人也要照顾好自己的健康和情绪,还要照顾好身边的家人,做好这些,人的烦恼就少了,其余的交给时间就好。

悄悄存钱,稳稳变富

越早明白越好的4个财富概念

第一,钱的概念。

打一次车的花费大约可以坐一个星期的公交;1杯咖

啡 40 元约等于 2 斤排骨的价格；饭馆里吃一顿花费 500 元，可以买 3 斤牛肉加 1 斤大虾，加 1 斤鲈鱼，再加 5 斤鸡蛋、10 斤大米和 1 桶花生油；一部高配置苹果手机 13000 元，等于 1 台 4000 元的空调，加一台 3000 元的冰箱，加 1 台 2000 元的洗衣机，加 1 台 3000 元的电视机，再加微波炉、烤箱、空气炸锅的价格。

第二，花钱的概念。

花同样的钱对不同的人来讲，有着不一样的效果，要根据挣多少钱来决定你的消费水平。花钱要有概念，买到符合自己需求的东西，钱才会变得有价值。

第三，攒钱的概念。

一个月存 500 元，一年就攒下了 6000 元，当你失业的时候，这 6000 元可以支撑你生活 3 个月，或让你在遇到困难时，不至于到处去借钱。

第四，赚钱的概念。

与其上网刷视频，不如想一想怎么样去搞钱。现在是新媒体时代，稍微用点心总能找到正当赚钱的机会。像我 50 多岁了，开始尝试做自媒体，每天都会有收入。当然这并不是鼓励大家都去做自媒体，也并不是每个人都适合。

只是说你现在挣不到钱，不是因为能力不够，而是因为惰性战胜了你对挣钱的渴望。

希望那些把大量时间耗费在无用行为中的小伙伴，从今天开始对钱有一个新的认识，不仅懂得存钱，也要积极去挣钱。

有多少钱可以躺平

在当前利率持续下降的大环境下，我们真的能够依靠存款过上无忧无虑的生活吗？

我要给大家提个醒，躺赢的想法在当前的经济形势下已经不再适用。随着银行利息的逐步下调，我们不能再像以前那样，依靠高额利息来实现财务自由。如果你现在有100万元，想就此停止工作，靠存款的利息过日子，那么我建议你先仔细算一算，假设在没有生病和其他额外开销的情况下，这100万元够你花多久？如果你只依赖这笔钱带来的被动收入，那么你的生活质量将无法和工作时相比，你的底气也会大大减弱。

所以，我建议所有的朋友，现在最应该做的是深耕自己的专业领域，提升自己的赚钱能力，同时养成良好的储蓄习惯。只有这样，当你步入老年，你的被动收入能够覆盖所有的生活开销时，你才能真正安心地躺平。

躺平不应该成为我们的人生目标。我们应该通过不断努力提升自己，实现财务自由，过上自己真正想要的生活。这需要我们脚踏实地，一步一个脚印地去实现。所以，加油吧，存钱人！心理上可以有松弛感，但行动上绝不能躺平，要积极地寻找更多赚钱的渠道，为自己的未来添砖加瓦。

物尽其用：我是如何从极繁到极简的

从极繁到极简，我经历了一个转变的过程。以前我也买了很多没必要的东西，每次买的时候，心里极度满足，如获珍宝。但每次买完之后，心里又变得空落落的。买回来的东西往往都闲置了，屋里东西越来越多，快乐却越来越少。

后来我意识到不能再这样继续下去，就开始学习极简生活法。在了解极简生活和学习断舍离的过程中，我最大的收获就是不再为物所累，更轻松自在了。

但是极简生活不能极端，也不等于抠门，依据自己的情况适度就好。更重要的是不为了极简而极简，不为了什么而把自己束缚住。我曾经看到一个极简主义倡导者，他的家里除了一张床别无他物，三口人共用一个水杯。我感觉这不是生活，这是一种残酷的自我惩罚，是对自我正常生活框架的扭曲定义，他把自己束缚在其中了。所以我不提倡这种"节俭"。

我提倡的极简是物尽其用。每个人家里都有一堆东西，我们应该清理掉那些没必要的、占用过多空间的东西，利用好现在我们已有的、用着方便的、喜欢用的物品，物尽其用，最大限度地发挥它们的价值。

断舍离，并不仅仅是扔东西这么简单，它真的会让你快速地变好，快速提升你的幸福感，从根源上解决你为什么存不下钱、你为什么总是不停地买买买的问题。

断舍离就是为了让自己生活得更轻松，更自在。人不可能完全没有欲望，但真正的断舍离后，就会懂得如何取舍，就不会看见什么都想买了。

断舍离的本质就是养成判断力。你要克服那些舍不得、"可能还有用"的心理，把没用的东西舍弃掉，在潜意识当中，结束一些不必要的关系，远离一些不合拍的人。其实清理物品的同时，就是在清理那些隐藏在你自己内心深处的情绪垃圾，比如那些经常消耗你的人、物和事。

在没有接触断舍离的时候，只要有了焦虑、担心或其他不良情绪的时候，我都会用购物的方式去缓解。但是这往往并不能从根本上解决问题。购物一时爽，最后还要消耗精力去收拾那成堆的快递。

后来我用断舍离的方式来调节情绪，发现这是疗愈我内心的最好方法。当你情绪不好又没有能力控制的时候，就去收拾屋子，你会发现收拾完家干净了，心也静了，不良情绪也缓解了，断舍离就是这么神奇的一件事。

在学习断舍离并践行之后，我会尽量不把宝贵的金钱消耗在买东西上，而我的情绪也不浪费在不必要应付的人和事上，所以我觉得特别轻松。

总有人说："我们挣钱不就为了花吗？钱花了才是自己的。"其实不是你拥有的物质越多越富有，而是烦恼越少越幸福。

你要记住，房间的状态就是你的生活状态，你的心态关乎你的命运。

悄悄存钱，稳稳变富

我的十不买

有些东西我们即使不买，有些事情我们即使不做，也完全不会影响我们的生活质量。反而把钱存起来之后，心里感觉更加踏实，觉得人生像开了挂一样，活得特别有力量。

我总结的十不买是：

1. 可买可不买的时候，就选择不买。

2. 可能需要也可能不需要的时候，选择不买。

3. 超出自己正常消费能力范围的，非必要不借贷买。

4. 不是真正喜欢、不适合自己的不要买。

5. 重复的物品不要买。

6. 看直播时，要冷静下来想一想，不要冲动买。

7. 使用效率很低的东西不要买。

8. 溢价太高的不买。

9. 奢侈品坚决不买。

10. 买回来之后需要持续投入维护成本，而这个投入会影响我们正常生活的东西不要买。

存钱是高级的自律

诱导你消费的人比比皆是，教你存钱的人却寥寥无几。存钱才是人生高级的自律。存钱和不存钱，真的会有着完全不一样的人生。有的人挣得多，花得多；有的人一月挣 3000 元，能攒下 1000 元，这才是人间清醒。

很多小伙伴自从开始跟我一起存钱之后，开始了自律的生活，从梳头开始，从锻炼身体开始，从节制消费开始。如果你开始存钱了，这就是自律的开始，也是你改变人生的开始。每一个存钱的小伙伴都积极努力向上，对生活充满了希望。存钱，就是一种高级的自律。

只存钱不囤物之后，我的生活也变得更加有意义了。

无论是买房还是租房，都花费巨大。囤了太多东西之后，你就会发现无论怎么收拾，家里始终都是乱的，刚收拾完就乱了。柜子里那些穿不完的衣服经常拿出来收拾，整理完了放回去，过两天乱了再拿出来收拾。这就是存了太多物品的后果，对我们的身体和情绪都是一种消耗。

当我开始轻精简生活之后，物品少了，生活空间变得整洁，我的内心也变得更平静了。我不再买华而不实的东西了，不会因为选衣服而耽误时间，也不会因为穿得朴素而觉得自卑，节约下来的时间，可以读书，可以跑步，可以陪孩子。只要不再被整理这些囤积的物品耽误，就能拥有更多的时间，钱也自然而然地存下来了。

从我们生活变得简单开始，有计划地花钱，砍掉那些没必要的开支，我们存钱的意识会越来越强，对自己的要求也会越来越高，不知不觉我们就会变得更自律。像我这样，消费降级后很多不必要的东西就都不买了。女儿跟我聊天时也会说："妈妈，我得跟你好好学习。"所以，你的行为也会慢慢感染周围的人。

存钱其实是一种习惯，很多人的人生第一桶金是攒下来的。所以不要等有钱了才攒钱，而是存下钱了，你才是有钱的人。希望你立刻行动起来，哪怕从每月存几百元开始。未来只要你手里有钱，你就有底气。当你银行的余额有一长串数字的时候，你会感谢自己的坚持，就跟养身体一样，每天都有一点点的改变，你的生活会越来越好，你的钱也会越来越多。我们攒的其实是退路，是未来的美好，是更加精彩的生活。

盲目地消费，只能带来短暂的快乐和短暂的刺激，并不能安抚你那颗浮躁的心。生活中没有那么多的诗和远方，我们应该脚踏实地地走好每一步，把钱存好，过好我们的每一天。

该奋斗的年纪，好好奋斗；该存钱的时候，好好存钱。要知道现在的努力是以后过上幸福生活的唯一途径。我们都要学会存钱，成为内心强大且兜里有钱的人。

开始存钱，要养成 5 个习惯

开始存钱的小伙伴，一定要养成 5 个消费习惯。这些习惯会潜移默化地影响你，让你的存款越来越多。

第一，日常生活可以准备 3 张卡，一张卡的钱只进不出，存定期；一张卡把家里固定开支按月存进去；一张卡用于生活开销，这张卡里的钱花完了，也不要随意挪用其他专项资金。（见表 1）

表1　用于日常生活的3张银行卡

银行卡1：用于存定期	银行卡2：用于固定开支	银行卡3：用于日常开销
1.不挂任何支付功能。 2.只存定期和大额。	1.可以挂载支付宝。 2.把每年大额固定支出，按月存进这个卡里，如孩子学费、每年的保险、车贷、房贷、物业费等。 3.家庭备用金，可以放在活钱管理里面。便于使用且利息高于活期存款。	1.可以挂载微信支付，用于每月的小额日常开支，包括饮食费、通信费、交通费等。 2.零钱通，放每月的结余，用于人情往来、节日开销。便于使用且利息高于活期存款。

* 不同支出用途挂载不同支付方式，支付宝和微信分开使用，利于日后复盘。

第二，先储蓄后消费。很多人都是先把固定的支出付完，然后去吃喝消费，剩下结余再去存款。这是不好的习惯。

第三，记账。其实很简单，你可以在支付宝或微信上记账，或者用家里的草稿本记一下每月的花销。

第四，定期复盘。每月花完钱后，要知道钱到底花在哪里，哪些钱是该花的，哪些钱是不该花的。你做到心中有数，才能对下一个计划有帮助。

第五，制订购物计划。有些人下班饿了就冲进超市，买一堆乱七八糟的东西，这往往成为放在冰箱里过期的东西。有时候，浪费的东西比我们吃的东西还要多。

养活未来的自己

有朋友问我："我都 40 多岁了，一分钱还没存，晚不晚？"一点都不晚。我们每一个人都要攒钱。

想要存更多的钱，只有两个渠道，一个是开源——增加收入，一个是节流——控制支出。作为一个普通人，无论你从事什么工作，想多挣 20% 都很难，但是要多存 20%，还是可以想办法做到的。

现在很多年轻人都是单身，觉得赚的钱养活自己就行。其实我们的人生分为 3 个阶段。

第一个阶段，是从出生到开始自食其力、能自己赚钱前，需要父母辛勤地养育我们。

第二个阶段，是我们开始自食其力养活自己，到我们退休后停止工作、不再有收入。

第三个阶段，是我们停止了主动赚钱，直到人生最后那一刻。

多数人目前是处于第二阶段。现在赚钱，不仅是养现在的自己，还要养第三个阶段未来老去时没有主动收入的自己。也许你在第二阶段并没有身患重大疾病或遇到其他意外的事情。但在你第三阶段，经济能力薄弱、身体每况愈下的时候很可能会有这些遭遇。所以我们在第二阶段要给第三阶段做足准备。这就是我为什么一再让大家存钱，存钱存的是自己未来的保障。

这个世界有太多的人，会忘记自己有老去的一天，他们经常想的是：我不就多买了一点东西吗？但是你要知道，如果可以，那个年老的你，会想要告诉现在的你，如果年轻的你有更好的储蓄意识，年老的你的生活可能就会容易得多，幸福感远远大于没有存款的老人。

存钱才是硬道理。无论将来的利息是高是低，你都要在银行有一笔能让你踏实的存款，这就是一份安全保证，也是将来你老了以后的幸福指望。

第二章

稳稳的财富

存款、黄金、国债，普通人

如何慢慢变富

存钱的 24 件小事

很多朋友问我："我一直攒不下钱，该怎么做？"攒不下钱的朋友们，可以先尝试做这 24 件小事：

第一，准备一张银行卡，这张卡只进不出，不绑定任何消费软件，自己藏起来，别总惦记里面存的钱。

第二，拿一个小本，制订存款计划。每年存多少钱，每个月存多少钱，每天存多少钱。可以用 12 存单法，也可以用 52 周存钱法，也可以用 365 天爱心存钱法。

第三，强制存钱。按照我们订好的计划，工资一到账，先把你每月固定的那些开销预留出来，剩下的按照计划存到那张"藏起来"的银行卡里。

第四，设定每月消费额度。消费要有度，如果你在消费额度上不超花，那说明你的计划是有效的。

第五，要坚持记账。你的哪些支出该花，哪些支出不该花，每月都要复盘，这对你下个月的计划是有很大帮助的。

第六，在消费的时候要制定消费清单。只买计划内的东西，杜绝冲动消费。

第七，不超前消费。不要去开通那些信用卡和各种小额贷款，不要透支。

第八，遇到促销力度大的购物节，可以囤一些生活必需用品，但是不要囤多了，够我们近期使用就行。比如卫生纸、牙膏、牙刷这些生活消耗品。

第九，非生活必需品，尽量减少囤货量，坚持一进一出，东西用完后再买新的。尤其是化妆品，囤太多容易放过期，看着也闹心。后面为了把库存消耗掉而使劲用，结果更浪费。

第十，用复购来代替挑选，减少试错成本，特别是护肤品。另外，一些尝鲜的东西也不要冲动购买，因为买来之后往往会发现是你不喜欢或不需要的东西。

第十一，延迟满足。想买的东西先放到收藏夹，或者先放到购物车里。一个星期之后再决定，如果一个星期后你没有买，说明你可能不需要它。

第十二，不要为了打折或满减去凑单买不需要的东西。再便宜的东西，只要是不需要的就不要买。

第十三，生活中的必需品，要比较一下再买，做一些调研，能省一点是一点。

第十四，学会自己做饭，上班最好自己带饭，健康又卫生。这些小钱真的不容忽视。

第十五，买东西要重质不重量。买就买耐用和利用率高的。

第十六，不为虚荣买单。省吃俭用买个上万元的包或上千元的鞋，并不能提升你的生活品质。

第十七，手机、电脑等电子产品更新换代都特别快，功能够用就行了，不要追逐新产品，因为很快就有更新的产品出来。

第十八，不要轻易办各种卡。类似那些美容卡、健身卡，很多都是冲动消费。买完之后，放着不用也是一种浪费。

第十九，关于一些小家电，有人就喜欢不断换新的。要物尽其用，旧的只要能用，就把物品用到极致。

第二十，闲置物品可以变现。不再用的东西就挂到二手平台上，卖多少钱都是赚的。

第二十一，不要随便把钱外借。我们挣的每一分钱都来之不易。永远要记住一个观点：救急不救穷。

第二十二，学习理财知识，提升自己的财商，建立存钱的意识。

第二十三，投资自己，不断学习，要发展副业，开源节流。先行动起来，从小钱开始赚起。

第二十四，要学会犒劳自己。实现阶段性的目标之后，要适当奖励自己。

这 24 件小事，希望大家都去坚持执行。尤其是想存钱又存不下的人，或者是收入少的，更要执行。日积月累，你会有一个翻天覆地的变化，也会有一笔可观的存款。

我发现，厉害的人都有一个共性，那就是一旦确立一个目标，就不犹豫不等待，执行力相当惊人。效果不好就去复盘，效果好就乘胜追击，不断地深耕。

我们所有人，都是在纠错中生活。谁都不会一帆风顺，但只要你愿意开始存钱，终究会有收获。

加油，存钱人！

简单到不用坚持的沙粒存钱法

有人说："我挣得少，每个月就那么点儿钱，觉得不值得存，也存不下钱。"大家要记住，不是有了钱才开始存钱，而是存了钱才开始有钱。这里我要介绍的存钱方法，其实是一种管理时间的方法，叫作沙粒存钱法，这是我自创的。

在讲沙粒存钱法之前，大家可以先闭上双眼，想象一下年迈、没有钱的自己会是什么样子。我提倡大家存钱，是因为我看到过太多人因为没钱而陷入无助的境地。

其实，存钱和时间管理的道理一样。如果一个人能把时间管理好，那存钱就不是什么难事。

这里分享的这个万能方法，就是把一个大的任务拆分成数个非常细小的任务，这样完成起来像吹沙子一样轻松。这种方法，就叫作沙粒存钱法。比如说，你收入特别少，还有贷款。这个时候不要着急。首先要改变生活习惯，堵住花钱的口子，然后再设定一个自己能轻松完成的小任务。比如这个月，就存 200 元。

一年下来，就能存下 2000 元或 3000 元。你把这些钱再存一个定期，当你拿到第一张存单的时候，你大概已经养成了存钱的好习惯。

沙粒存钱法的一个要点是，当你实现一个小目标时，一定要及时奖励自己，肯定自己的努力。你可以给自己一点奖励，比如买 1 克实物黄金或积存金。

从小目标开始，像堆沙粒一样，由少到多慢慢积累。之后，你可以慢慢设定新的目标。在设定新目标的同时，你也是在深耕自己，挖掘更多赚钱的渠道。那时候，你就进入了一个良性循环。

银行不会告诉你的 12 存单法

12 存单法是这么多年来我一直使用的最好的存钱方法。

12 存单法特别适合那种收入不高，又存不下钱的人，每月强制自己储蓄一笔钱，慢慢地就养成了习惯，你就存下了自己人生中的第一笔保障资金。

操作起来也很简单，每个月发工资后，就拿出你打算存的钱，比如 3000 元，去银行存 1 年期的整存整取。好好地把这张存单保存在票据夹里，既安全又明晰，还不容易丢。等到下个月发工资的时候，你再拿出 3000 元去银行存，就又有了一张新的存单。这样，每个月你都会存一张 1 年期的存单。一年后，你就有了 12 张存单。

一年以后你的第一张存单到期了。去银行把这 3000 元连同利息取出来，再加上当月的 3000 元，再存一个 6000 多元的定期。银行

　　会给你一张新的存单。

　　以此类推，10年之后，你每个月都会有一个3万多的存单到期。不知不觉中，你就收获了一个巨额存单。30年后你就每月有一张10万元的存单。（见图1）

　　12存单法的妙处就在于，每个月存一张，一年就有12张存单。你可以根据自己的情况，存1000元、2000元、3000元，也可以选择存1年期或者3年期的定期，享受复利的利息。

　　而且这个方法还有一个好处，就是用钱的时候非常灵活。你只需要把最近到期的那张存单取出来，不会损失其他存单的利息，这样就可以往复循环地存，就像滚雪球一样，越存越多。

　　去银行存钱时也不用跟银行柜台人员说"我用12存单法存"，因为这不是银行业的正规操作用语，只是民间总结的存钱方法。

　　如果没有时间去银行，也可以网银或者手机银行存，打开手机银行，点击存款，按照提示选择存款时间就可以了。

　　12存单法就是这么神奇，看起来很简单但是坚持下来还是有一点难度的，更多是为了培养存钱的习惯，积少成多。习惯一旦养成之后，它会贯穿你生活中的点点滴滴，会让你因为存钱而慢慢地在各个方面变得自律，会让存钱成为特别有成就感的一件事。

以每月存 3000 元，定期 1 年，利率 1.45% 为例。

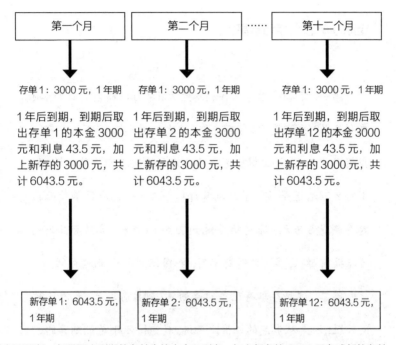

* 循环更新，每月取出到期的存单中的本金和利息，加上新存的 3000 元存成新的存单。

图 1　12 存单法指导图

悄悄存钱，稳稳变富

定期存单怎么存利息高?

第一，定期存单怎么存利息最大化? 可以提前支取吗? 损失利息吗? 答案是可以提前支取的。比如说一张 10 万元定期，我想用 2 万元，那么提前支取的 2 万元就按活期给你计算，剩下的 8 万元还是按以前的利息计息。但如果这张存单最低的起存额是 5 万元，那也就是说如果存 10 万元，你只有 5 万元可以提前支取，多 1 分钱都不行，要保证存款最低起存额。

第二，这种存单存几年的最划算? 到目前为止，无论从时间长短，还是从利息的性价比来讲，我觉得 3 年是最划算的。但为什么我还推荐 12 存单法? 因为 12 存单法适合那些存不下钱的人，是强迫自己每月存款的一种好方法，坚持下来，就会形成存钱的习惯。而且，我们未来要用到存款的概率比较大，所以 12 存单法更灵活，要提前支取利息损失也不大。

第三，如果你抢不到大额存单，又不甘于存利息较低的普通定息存单，有没有基于两者之间的存款产品? 那就是特色存款了，每个银行都有，打电话去咨询一下。注意要打各家银行网点的电话。

第四，如果家里老人去世了，到期的存单能取出来吗？5万以下，你可以拿着自己和已故家人的身份证、存单，还有密码就可以到柜台支取。相当于代办，如果这个钱在活期卡里或存折里，去自助存取款机上转到自己的卡里就行了。

第五，存单到期了，能异地取款吗？如果上面写的是通兑，那你在全国的任一网点都可以取。如果上面写的是省市内通兑，那你只能在省市内的这些分网点去取。如果没有这些字样，也就是说你在哪家银行存的，就只能去这家银行去取。

比 12 存单法更灵活的 36 存单法

我给大家总结了详细的36存单法（又叫阶梯存钱法、梯田存钱法）的指导图。（见图2）

　　举例来说，我们把每月要存的 3000 元分成 3 笔，分别为 500 元、1000 元、1500 元，分别存定期存单 1：500 元存 1 年期；存单 2：1000 元存 2 年期；存单 3：1500 元存 3 年期。第二个月，也跟第一个月一样。以此类推，第一年的 12 个月都是这种存法。也就是说，每个月 3 张存单，到 12 个月后，我们就有 36 张存单，这就是 36 存单法。

　　到了第二年，当第一张 1 年期的存单到期时，我们把这 500 元连同利息，再加上本月应该存的 3000 元，存一个 3 年定期的整存整取的存单。而存单 2 和存单 3 没有到期，我们暂时不用动它，以此类推。第二个月、第三个月一直到第十二个月都是这样，这样第二年结束后，我们手里依旧还是有 36 张存单，区别是没有 1 年期的存单了，只有 12 张 2 年期和 24 张 3 年期的存单。

　　等到了第三年的时候，我们手里那些 2 年期的存单就陆续到期了。我们把存单 2 的 1000 元取出，连同利息，加上本月该存的 3000 元，再存一个定期 3 年的存单，以此类推，一直到 12 个月结束都这样存。这样，3 年后，我们手里依旧是 36 张存单，但已经都是 3 年期的了。

以月存 3000 元为例，分 3 笔，500 元、1000 元、1500 元，分别存成 1 年期、2 年期、3 年期。

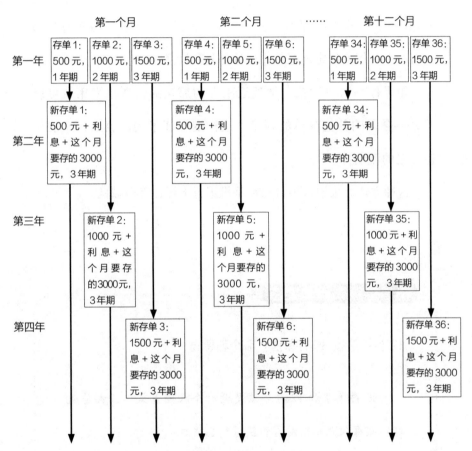

图2 36 存单法指导图

第四年的时候，我们手里最早的那些 3 年期的存单也陆续到期，我们把到期的 1500 元连同利息，加上本月存的 3000 元，再存一个 3 年期的整存整取的存单。这样重复地去存，那么我们每年每月都会有一个 3 年期的定期存款，而且是复利计息。

如果你临时急用钱，把最近刚存的那期的钱取出来用就可以了，不会影响其他存单的利息。这样既保证了利息收入，又能保持一定的流动性。

这种方法，去银行柜台和在手机银行上操作都可以的。

悄悄存钱，稳稳变富

12 存单法和 36 存单法，哪个利息高

36 存单法和 12 存单法是两种个人储蓄策略，都是通过定期存款来积累财富和获得利息收益。

12 存单法

· 这种方法涉及每年存入 12 张定期存单，每个月存入一张。

·例如，每月存入 3000 元，存期为一年。

·到了第二年的对应月份，将到期的 3000 元本金加上当月的 3000 元以及刚得到的利息，再存入一个新的一年期定期存单。

·这样，每年都有 12 张存单到期，形成一个循环。而且复利计息，灵活方便。

36 存单法

·这种方法是 12 存单法的扩展，也就是一年内开设 36 张存单。

·将每月的存款分成 3 份，分别存入 1 年期、2 年期和 3 年期的定期存单。

·例如，7 月份存入 1000 元一年期、1000 元两年期和 1000 元三年期。

·到了下一年的 7 月份，一年期的存单到期，将其本金和利息加上本月的 1000 元，再存一个新的 3 年期定期存单。

·这样，每年每月都有到期的存单，可以重新存一个 3 年期的存单，从而获得更高的利息收益。3 年就是 36 张存单。

比较

·36存单法相比12存单法，可以获得更高的利息收益，因为银行3年期的利息高于1年期的。

·12存单法操作起来更简单，每月只需存入一笔，适合那些需要更强流动性的人。

·36存单法需要更多的前期规划和管理，适合长期不动用资金的人。

如果你的存款比较少，收入不稳定，预计未来一段时间内可能会用到存款，那就选12存单法。如果判断未来几年内大概率不会动用这笔钱，那36存单法会带来更高的利息收益。具体选择哪种方式就因人而异了。

星期无痛存钱法和52周存钱法

人要在春风得意时，把自己的人生规划好，这样才能在四面楚歌时有退路。

星期无痛存钱法，特别适合那些一个月挣两三千元，或刚刚工作的孩子们，还有像我这样退休的、挣不了多少钱、退休金也不高的人。

星期无痛存钱法特别简单：你开一张专门用于存钱的银行卡，星期一存 10 元，星期二存 20 元，星期三存 30 元，以此类推，那一个星期就存了 280 元，一年下来就存了约 1.5 万元。

这个存钱法，如果是使用现金，可以先放在存钱罐或抽屉里，攒够一段时间就及时存到银行。如果嫌现金麻烦，就在手机银行上每次往专门的银行卡里转一笔也行，等存够一个月或者一年，就把这笔钱转存成一个 1 年定期。

与之类似的，还有一个 52 周存钱法。

一年 365 天，12 个月，52 周。第一周存 10 元，第二周存 20 元，以此类推，第 52 周的时候，存 520 元。一年下来，你猜存了多少钱？13780 元。存钱时每周比上一周多存 10 元，不难吧。

使用存钱法的主要目的，是让存钱成为你的一个习惯。当你把注意力集中在积累财富这个目标上的时候，就会发现更多的财富机会。很多人说"我现在没钱，等有钱了再说吧"，事实是，只有培养出存小钱的习惯和能力，才会有更好的机会得到大钱。千万不要把因果关系搞错。

一二三存钱法

每个月将1000元转存到一个固定的银行卡里，这张卡不要绑定任何支付功能。半年后，就攒下了6000元。然后把这6000元分成3份，每份2000元，分别存定期1年期、2年期和3年期。这就是一二三存钱法。

等到再过6个月，又存够了6000元，再按照同样的方法，分成3份，用一二三存钱法存入。这样，第一年到期的钱，连本带息取出来，再加上当月要存的钱，再存一个3年期的定期。

对于那些工资发放时间不固定的小伙伴，也可以把工资先存到我刚才说的那张卡里。等攒到一定数量的时候，再取出来，分成3份，用一二三存钱法分别存1年、2年、3年。等到1年期的存单到期了，再连本带息取出来，加上当月要存的钱，再存一个3年期的定期。

从这时候开始，每年都有一个到期的存单，实现了滚动复利计息。记住，如果去银行转存，达到银行的起存金额，就会有利率较高的浮动利率，有些银行在柜台转存的利息会比在手机上操作的要高一些。这样，就把本来每月要存的钱，改成每半年存一次，减少了去银行的次数，而且还能享受到3年期存款的高利息，同时又保持了一定的灵活性。

365 天爱心存钱法

365 天存钱法对执行者的意志力要求比较高。

首先，准备一张专门用于存钱的银行卡。然后画一个表格，从 1 到 365 画 365 个小格子。如果今天没钱，你就存 1 元，在 1 那个格子画个钩，或涂上颜色。第二天可以存 18 元，在 18 那个格子画个钩，或涂上颜色。哪天手里钱多，就存 360 元或 300 元，在对应的格子上画钩或涂色，根据数字来存不同金额。（见表 2）这都可以通过网银操作，不用跑银行，1 元也可以存，很方便。

当你把所有的格子画满，一年下来，你就存了 66795 元。等到你拿到这笔钱的时候，你会感谢自己的坚持和努力。这一年，你不仅存下了一笔钱，还养成了存钱的好习惯。

根据自己的财务情况或存钱目标，也可以对表里的数字乘以系数，比如 0.1，这样一年下来可以存 6679.5 元，也可以乘以 2，这样一年下来可以存 133590 元。

另外，365 天存钱法也不一定非要按照 1 到 365 的顺序，也可以设定每天存 30 元左右，这样一年下来也能存 1 万多。有人将这个表设计成心形，因此这种存钱法也被称为 365 天爱心存钱法。（见表 3）

表2　365天存钱法

开始时间:					终止时间:								存钱目标:						
1	2	3	4	5	6	7	8	9	10	11	12	13	14	15	16	17	18	19	20
21	22	23	24	25	26	27	28	29	30	31	32	33	34	35	36	37	38	39	40
41	42	43	44	45	46	47	48	49	50	51	52	53	54	55	56	57	58	59	60
61	62	63	64	65	66	67	68	69	70	71	72	73	74	75	76	77	78	79	80
81	82	83	84	85	86	87	88	89	90	91	92	93	94	95	96	97	98	99	100
101	102	103	104	105	106	107	108	109	110	111	112	113	114	115	116	117	118	119	120
121	122	123	124	125	126	127	128	129	130	131	132	133	134	135	136	137	138	139	140
141	142	143	144	145	146	147	148	149	150	151	152	153	154	155	156	157	158	159	160
161	162	163	164	165	166	167	168	169	170	171	172	173	174	175	176	177	178	179	180
181	182	183	184	185	186	187	188	189	190	191	192	193	194	195	196	197	198	199	200
201	202	203	204	205	206	207	208	209	210	211	212	213	214	215	216	217	218	219	220
221	222	223	224	225	226	227	228	229	230	231	232	233	234	235	236	237	238	239	240
241	242	243	244	245	246	247	248	249	250	251	252	253	254	255	256	257	258	259	260
261	262	263	264	265	266	267	268	269	270	271	272	273	274	275	276	277	278	279	280
281	282	283	284	285	286	287	288	289	290	291	292	293	294	295	296	297	298	299	300
301	302	303	304	305	306	307	308	309	310	311	312	313	314	315	316	317	318	319	320
321	322	323	324	325	326	327	328	329	330	331	332	333	334	335	336	337	338	339	340
341	342	343	344	345	346	347	348	349	350	351	352	353	354	355	356	357	358	359	360
361	362	363	364	365															

* 每天选取表中任意金额存入，完成后涂色或打√

表3　365天爱心存钱法

开始时间:　　终止时间:　　存钱目标: 10902

			30	28	27	34	32	33					30	29	34	29	31	27	
		31	34	33	27	31	29	34				30	27	31	25	29	26	34	34
	25	29	29	28	26	35	25	35	31	28		28	32	27	33	33	29	26	25
29	34	31	32	30	32	25	33	32	34	34	31	32	35	35	31	28	35	27	33
30	27	35	28	29	31	32	31	26	27	31	26	29	26	27	31	31	34	32	28
31	33	29	35	29	31	25	26	31	35	29	34	33	25	25	27	29	29	35	33
29	25	25	35	29	33	32	34	30	27	32	27	31	34	31	25	35	25	31	29
31	27	35	35	34	27	34	30	34	25	33	26	28	34	32	29	30	32	26	28
26	31	31	25	35	32	35	29	32	26	27	34	25	31	26	30	27	28	28	33
	35	27	34	32	30	30	31	28	31	27	26	30	30	31	26	25	35	25	
	30	27	28	31	32	28	28	34	33	29	35	27	33	35	26	26	33	25	
		31	27	30	29	32	27	25	28	25	35	31	27	26	31	33	27		
		33	35	28	27	35	33	33	34	30	28	26	32	28	33	33			
			33	27	25	26	35	29	26	27	30	26	29	34	29				
			29	26	29	27	32	33	31	31	31	25	28	26					
				31	25	34	34	28	25	35	27	26	30						
				31	30	28	32	26	25	31	30	33							
					35	32	31	29	28	32	30	32							
					25	32	31	25	30	32	32								
						30	34	28	33	29									
						25	34	27											
							♥												

* 每天选取表中任意金额存入，完成后涂色或打√

这种要求我们每天都要操作的存钱法，也会每天提醒我们节省开支，想办法增加收入。如果能坚持下来，对个人毅力的提升影响也是巨大的。

悄悄存钱，稳稳变富

存折和存单，银行卡和手机银行存款

储蓄卡、手机银行、存折和存单这4样东西有什么区别？

有些老年人可能不太了解手机银行是什么。手机银行就是你手里有一张储蓄卡，去银行开通手机银行服务后，在手机上下载相应银行的App，然后把这张银行卡绑定到App上。这样，你的银行卡既能用于定期存款，也能用于活期存款，支付变动都能在手机银行上查到，还可以设置短信通知。

存折和存单有什么区别呢？简单来说，存单就是给你一张纸质的单子，证明你存了这笔钱，而且，一张存单只

记录一笔存款，不能记录多笔存款。而存折，就是你所有的存取款记录都打印在这个小本子上。

我个人非常喜欢纸质存单的仪式感、安全感以及满足感。

用存折存款和银行卡存款有什么区别呢？

1. 安全性不同。存折和存单的安全系数比较高，因为用它们存钱或转账时，必须本人带着身份证去银行柜台办理，大大降低了资金被盗用的风险。而银行卡就不同了，随着扫码、人脸识别等各种支付方式的普及，银行卡存在一定的安全隐患。

2. 灵活性不同。存折的卡号和银行卡的卡号不一样，存折不能绑定微信和支付宝进行消费，但银行卡可以，非常方便快捷。存单和存折想要取钱去消费，就比较麻烦，需要先去银行取出现金，所以，灵活性比较差。但也正因为缺乏灵活性，它可以给自己花钱设置障碍，更有利于攒钱。对于被骗的老人，可以在他们取款那一瞬间给予他们最后的保护。

3. 费用不同。存折在办理时是免费的，很受老人欢迎。而银行卡在办理时有的银行收取工本费，还有年费、短信通知费等各种费用。所以办卡时，一定要问清楚。

　　另外，银行卡在跨行或跨地区存取款时，可能还需要收取一定的手续费。所以办理前一定要问清楚，别稀里糊涂把钱划走了。

　　希望大家都能明明白白存钱，安安全全理财。

存钱人要知道的 6 个细节

　　第一，很多银行不希望你存 3 年定期或者更长时间的存款。现在有些银行已经陆续取消了 3 年期、5 年期的大额存单。银行揽储是靠吃利息差的，大环境下，许多银行贷款贷不出去，一旦储户锁定了 3 年期或者 5 年期的高利息存款后，势必给银行造成压力。

　　第二，也许很多人告诉过你，存定期一定不要自动转存，到期一定要跑到银行，取出来再重新存，还告诉你重新存的利率是上浮利率，比挂牌利率要高。实际上只有部分国有大银行才有这种情况，而且都要达到起存额才可以享受浮动的高利率，比如农行北京分行的起存额是 1000 元，工行是 1 万元。最重要的一点，你如果存了这种上浮利率的定期存单，银行根本就不会给你设定自动转存。

现在很多股份制城商行、农商行、民营银行，柜台转存和自动转存都是统一利率，存的时候问清楚，如果一样就自动转存。

第三，自动转存利率跟现在这张存单利率有关系吗？一点关系都没有，无论跑银行转存，还是自动转存的利率，都是按转存当天银行的挂牌利率来计息的。

第四，存折、存单、银行卡，哪个更安全？其实都是保本保息。

第五，如果银行有人跟你说这些话，都不是定期存单：1.期存；2.有保险性质的存款；3.存定期存款送保险。

第六，普通存单的起存额是 50 元。我们存钱人，别怕柜台工作人员嫌弃。如果你没时间去银行存，手机银行存安全性也是一样的。存多少钱，都不丢人，没钱才丢人。根据自己的实际收入情况，能存多少就存多少。

悄悄存钱，稳稳变富

大额存单和大额存款

大额存单和大额存款仅一字之差，很多人以为是一回事，其实这两者还是有区别的。

第一，起存额不同，大额存单最低 20 万元起存，而大额存款一般是 5 万元或者 10 万元起存。

第二，关于发行，大额存单是央行法定定期存款品种，发行必须备案额度、时间，每期都有不同要求，而大额存款属于银行自创的，随时可以调整，属于银行自己的特色存款。

第三，关于利息，大额存单，起存金额越高利率越高，大额存单的利率一般高于大额存款的利率。大额存单是在基准利率的基础上上浮 40%，不超过 55%，而定期存款一般最高上浮 30% 左右。

第四，灵活性，大额存单流动性比较好，一般时间有 3 个月、6 个月、9 个月、1 年、18 个月、2 年、3 年等期限选择，需要用钱时，还可以选择提前支取、质押和转让。

大额存款期限相对比较少，银行会根据自己的情况制定，有1年、3年、5年等期限。

第五，安全性，这两种都是定期存款，都受50万元存款保险的覆盖。

第六，关于提前支取，大额存单能让你少损失很多利息。

举个例子，如果存了100万元的普通大额存款，2年期的利率是3%，存了1年多，要用钱了，这个时候如果把钱取出来，就只能按照活期存款0.2%的利率来结算。

如果是100万元的大额存单，就可以以103万元的价格转让，这样转让方没有任何利息上的损失，而接手方还可以只存1年就享受3%的2年期存款利率。

所以，如果你存款能够达到20万以上，首选定期存单。每个手机银行都有大额存单的转让专区，不过随着利率的降低，有大额存单的银行越来越少了。

特色存款是定期存款吗

定期存单怎么存才能利息高，起存额还不像大额存单那样只能20万元起存？最关键的是，还不需要去抢大额存单的额度。这种存款方式就是保本保息的特色储蓄，也叫作特色存款或特色存单。

特色存款是银行推出的一种特别存款，它的利率比普通的存款要高，而且起存门槛比较低。这属于正规的存款，是受50万元存款保险保护的，安全性很高。这种特色存款，无论是利息还是起存金额，都介于普通定期存款和大额存单之间。普通定期存款是50元起存，大额存单一般是20万元起存，而特色存款的起存额是几万元，有的甚至是1000元就可以起存了。

其实这种特色存款，每个银行都有，比如建设银行的旺财存、交通银行的交心存、农业银行的银利多等；股份制银行也有，比如渤海银行的渤定存、民生银行的安心存、兴业银行的福运金、浦发银行的安享盈、平安银行的平安存等；地方性银行也有，比如说华兴银行的安兴存、四川银行的定期宝等。打电话咨询的时候，要打网点的电话，他们才会告诉你这种特色存款的利息。

即使利率下行，我们普通人也要把钱放在安全的地方。

结构性存款和普通存款哪个更安全，
利息更高

结构性存款保本吗？真的收益高吗？我们能不能买结构性存款产品？

简单来说，结构性存款就是把我们存到银行的钱分成两部分。大部分资金作为普通定期存款，获得稳定收益，保证本金安全。而小部分资金则投资到高风险的金融衍生产品，博取较高收益。

结构性存款和普通存款有什么区别？普通存款只要把钱存进去，存单上写的利息是多少就是多少。但结构性存款的利息是不能保证的，它会给出一个区间，给一个最低的保证收益。

为什么结构性存款不能保证利息呢？因为有一小部分资金会投资到衍生产品，收益率会和黄金、汇率、股票指数等挂钩。如果投资成功了，我们拿到的利息收益可能比普通理财还要高。但如果投资失败了，利息就少了。不过，本金一般来说还是相对安全的。

结构性存款按收益类型大致可以分为 3 种：最低收益保证型、本金保证型和部分本金保证型。最低收益保证型的产品收益在一个范围内，如 2%~5%，最低可获得 2% 的收益，最高也绝不会超过 5%。

本金保证型的产品本金不受损失，但可能没有最低收益保证。也就是说，虽然本金保住了，但收益还不如普通银行存款的利息高。部分本金保证型的产品是指部分本金不受损失，如95%的本金保证，可能会造成5%的亏损，但收益可能会很高。购买时要分辨清楚你要买的产品到底是什么类型的。

虽然结构性存款有它自己的特点，但因为我们无法预测未来市场的行情，所以还是踏踏实实地存银行的定期存款比较好。越缺钱，就越要选择这种非常稳定的存款方式。

7天通知存款

7天通知存款是个人通知存款的一种，从字面上理解就是需要提前7天通知银行支取的存款。它的计息也是以7天为一个计息单位。

第一，7天通知存款，是银行的存款，不是理财产品，是保本保息的。

第二，7天通知存款适合存那种暂时不用的钱。比如说，你要买房，准备好房款，但是不知道哪天需要支付房款，那么这个钱就可以放到7天通知存款里。或者说你要买车，在资金周转的过程中，你可以放在7天通知存款里。

第三，多少钱可以存？最低存款金额为5万元。

第四，在哪里买？在手机App上就可以操作，也可以在银行柜台操作。

第五，7天通知存款，可不可以提前支取？是必须提前7天通知银行取款吗？答案是可以提前支取，无论你在银行里存入几天，都是可以随时支取的。举个例子，比如存到第20天时你取出来了，那么前14天就是按照7天通知存款的利率计算，后6天的存期，因为不满7天，那么就按活期利息计算。

高利息存在高风险，银行存款6个要点

第一，高风险的银行不能存。

存钱最关键的就是安全，所以我们在存钱之前一定要过滤掉这些高风险的银行。《中国金融稳定报告（2023）》中显示：福建、贵州、江苏、江西、青海、山东、西藏、重庆、上海、浙江 10 个省区市辖内无高风险银行，说明这 10 个地区的银行较安全。报告还显示：部分农村中小金融机构存在一定风险。所以，我们存钱之前一定要去查一下这个银行安不安全，它的股权构成比例、发展历史，有没有不良记录和违规情况。

第二，太高利息的存款要谨慎。

银行越小，利息越高，但是高利率存在着高风险。银行的利润来自利息差，利率下行，不光是我们存的钱利率下行了，从银行放出来的贷款，利率也是往下降的。如果银行想获得高利息，贷款利率高，那么贷款的风险也就高。换句话说，你的高额利息是用风险换来的。虽然现在所有的银行都有 50 万元的存款保险，但是也不能让我们辛辛苦苦挣来的钱处于一种不安全的状态。关键是一旦出现问题，要付出的精力成本、时间成本，甚至是精神成本，你是不是可以承担得起？

第三，在一家银行最好不要存超过 50 万元。

存款保险只保本息合计 50 万元的存款，其他的理财和保险是不受保护的。那存款保险是以个人为单位的，不是以家庭为单位的。如果你有超过 50 万元的钱，可以存在家里不同的人的名下，也可以存在不同的银行。关于存款保险，后面我们会专门讲。

第四，不要把所有的钱存成一张定期存单。

虽然可以提前支取，但是会损失利息。如果你不确定会不会临时用钱，就可以用我们前面介绍过的存钱法，取用灵活，还不会损失利息。

第五，定期存款的存期最好选1~3年。

一般情况下，如果我们认为这笔钱可能会临时用到，就会选择1年期的定期存款。我用的是前面介绍过的12存单法，这种方法既灵活，又能让利息滚动起来形成复利。

存1年定期适合年纪比较大、可能随时需要用钱的老年人，还有家里有小孩、资金需要机动使用的人。在这种情况下，你就存1年的。你还可以存3个月或6个月的短期理财，或者选择银行的短期理财产品，比如一些活期理财产品。

如果你确定这3年内不会动用这笔钱，就可以存3年定期。不推荐大家存5年定期，因为5年期的性价比不高，有的银行利率甚至是倒挂的，比3年期的利息更低。存3年期适合那些长时间用不到这笔钱但想要获得相对较高利息的人。

经过几年的积攒后，如果你手里的钱超过20万元了，就可以存一个大额存单。我们在不同的阶段，存款的金额是逐渐增加的。这时候，就需要选择一个对我们更有利的利息和年限来存款。

最后一点，在家里没有足够存款作保障的情况下，最好不要去买银行的理财和保险产品。

做任何事情，我们都要去做功课，尤其是存钱这件事情，关乎我们的钱袋子。我愿每一个努力生活的人，都有存款，有生活的底气。

悄悄存钱，稳稳变富

如何避免存款变理财

去银行存款却被说服买理财或保险产品这个事情的原因主要是存款人存钱意识不明确，到银行之后被稍微高一点利息的理财或保险产品诱惑了。

我一直主张把自己的钱放在兜里捂住了，踏踏实实地存银行。但作为普通人，怎样去银行存款才能规避存款变理财的风险？

第一，进银行直接拿了号之后，不去理那些主动跟你搭讪推荐理财产品的人，直接就去银行柜台存钱。

第二，如果银行的人要在手机上教你一步一步如何去做，那么你在输入密码之前，要确认手机屏上面显示的内容。

第三，去柜台存款的时候一定要索取存单，你要记住，买保险或理财产品，是打印不出这种定期存款的存单的。

最后一点，如果是老人去存款，在没有家里人陪伴的情况下，签字时要看仔细有没有"存单"两个字。回家一定再让家人看一眼，如果及时发现还可以去补救。像保险

一般会有 15 天的犹豫期，在犹豫期内退保是没有损失的。

手机银行存款和柜台存单、存折
存款哪个更安全

手机银行存款是否安全？怎么存？如果之前是以存单的形式存的，到期之后，可不可以在手机上转存？手机银行存款的利息是不

是比柜台存款的利息高？定期存款，是不是就是整存整取？手机App上存和柜台办理的存单和存折到底有什么区别？

我们去银行办卡的时候，在银行柜台跟银行工作人员说，要开通手机银行，下载这家银行的App点击进入之后，就可以进行各种定期存款、活期存款操作，还会显示每种存款的时间和对应的利息。比如说1年期多少利率，2年期、3年期多少利率。

这种手机App存款到底安全不安全？它跟银行柜台有存单的这种存款到底有什么区别呢？

第一点，关于利率。有的银行柜台存款的利息会比手机银行存款的利息略微高一些，达到一定金额之后，去银行柜台存款会有浮动利率。

第二点，关于方便程度。在手机App上操作，不用跑银行，节省时间了，肯定是方便得多。

第三点，关于灵活性。在手机App上存款，灵活性比较高，可以关联支付宝、微信，这样一来，消费起来就非常灵活方便。存折和存单是不可以关联线上支付的。

第四点，关于安全性。由于手机银行关联着各种支付渠道，相对来讲没有银行存单和存折的安全性高。因为有时上了岁数的老人犯糊涂就在一念之间，手机操作太过简单便捷，没有更多辨别事情真假的时间。而以存单和存折形式存的钱，如果想要支取，必须拿着身份证去柜台办理。存款就多了一份保障。

第五点，关于存款保险。手机银行和柜台的存单和存折，都受存款保险 50 万元额度的保护。

第六点，存单也是法律上认可的有效的凭证依据，相当于跟银行签的合同，有银行的公章。

那么我们的银行存单可不可以在手机银行上进行转存？这是不可以的。有些银行，它的存单是可以在手机银行上显示的，但也不能转存，要转存只能去网点柜台办理，比如农行。有的则不显示，比如工行。

存单是你在银行存款，记录着你的存款金额、姓名、日期、利率的最原始凭单。我喜欢存单，每次翻看我的存单时，都会有一种满足感和幸福感，这是我个人的爱好。但是对那些不能跑银行的小伙伴们来说，用手机银行也是很安全的。

在存钱的路上，无论你是去柜台存还是用手机银行存，只要开始了，什么时候都不晚，慢慢地我们就会养成一个好习惯。

悄悄存钱，稳稳变富

长期不用的储蓄卡，会不会倒欠银行钱

你们手里有没有很多的储蓄卡在家里闲置着，如果有长时间不用的，这种储蓄卡一定要及时销户，否则的话你可能会倒欠银行的钱。我的一个朋友去银行办理清户，结果赔了银行100多元。

我们的储蓄卡可能存在3种隐藏费用，分别是年费、小额账户管理费和短信通知费。

第一个是年费。绝大多数银行，比如招商、光大等很多股份制银行都已经取消了年费。国有四大银行，仍然在收取中，年费标准一般是10元左右，从你的账户中自动扣款。如果你名下有多张该行的银行卡，只有一张可以免年费，但这也需要你去银行办理，否则照样扣年费。

第二个就是小额账户管理费，这个大家都不陌生了吧。什么叫小额账户管理费？就是你存在该银行账户的钱，小于规定的金额数，银行就会收取一定的费用。

每家银行规定的金额不一样，按季度收取。比如农业银行，日均余额低于500元，每季度就收3元。建设银行是每个人名下可以免一个储蓄账户的小额账户管理费，多出来的账户就要收取了。中国银行是日均余额低于300元，每季度收3元。但是这种小额账户管理费现在不是每家银行都收取的，有些股份制银行，还有一些民营银行，都已经取消了小额账户管理费的收取。如果你在某一家银行持有多张储蓄卡，只有一张可以免除小额账户管理费。

第三个就是短信通知费，中小银行基本上都已经取消短信通知费了。个别银行仍在收取。办银行卡的时候一定要问清楚，哪些是附加费用，哪些是隐藏的费用。像短信通知费，完全可以省掉。下载该银行的手机App，随时都能看到资金的变动。如果年费是10元，小额账户管理费每季度是3元（一年就12元），短信通知费每月是2元（一年就是24元），那么每年的持卡成本就是46元。虽然这种储蓄卡的余额不会扣到负数。对于欠银行年费和小额账户管理费的，银行不会像贷款那样强制收取，但是当你想进行销卡或者是激活之

类的操作，那么之前所欠的费用都需要补交。

为了避免倒欠银行相关费用的事情出现，对于用不到的储蓄卡，赶紧办理销户就好了。

钱存到哪家银行利息高、更安全

有朋友问："我在哪家银行存钱利息最高、最安全？"我特别理解他的心情。因为我们选择存钱，就是想存到一个既安全、利息又高的银行。

银行选对了，存款每一分钟都会产生收益，每一分钱都花在了刀刃上。根据各家银行的情况，可以选择离家近的银行，毕竟时间也是成本。

根据《中国金融稳定报告（2023）》的统计，2023年第二季度，中国人民银行对4364家银行业金融机构开展央行金融机构评级，其中包括银行机构3992家、非银机构372家。从评级结果来看，我国银行业金融机构整体经营稳健，风险总体可控。按照评级结果，其中的 3992 家银行机构，除了外资法人银行，大致可以分成 4 个梯队。

第一梯队是工行、农行、中行、建行、交行和邮储银行这六大国有商业银行。

第二梯队是股份制商业银行。它们的利率比六大国有银行稍高一些。比如兴业银行、华夏银行。

第三梯队包括农村商业行、农村合作银行、农村信用社和村镇银行。这个队伍非常庞大，共有 1608 家农村商业银行、23 家农村合作银行、509 家农村信用社和 1643 家村镇银行参与央行评级。农村商业银行和村镇银行的利息相对较高，因为它们是地方性银行，为了吸引储户，利息会比前两个梯队的银行高一些。

第四梯队是民营银行及其他。全国有 19 家民营银行参与央行评级，它们的利率比前三梯队的银行都要高一些，有的定存利率甚至可以达到 2.5% 或 3.2% 左右。这样算下来，存 10 万元的利息能差出好几千元。大部分民营银行都有存款保险，可以保障 50 万元以内存款的资金安全。

一般情况下，国有银行的利率会低于股份制银行的利率，股份制银行的利率会低于城市商业银行的利率。也就是说银行的规模越大，它的利率越低，安全稳定性就越高。

那我们把钱存在利息高的小银行、地方性银行、城镇银行或者是村镇银行，到底不安全？答案是，只要有"存款保险"四个字的挂牌都可以踏踏实实地去存。存在这些银行里，安全系数都是很高的。有存款保险的银行，一旦银行破产了，存款保险规定，7天之内你的存款就会打到你的账户上。

存款保险，哪些情况不在保障范围内

银行的存款保险是保我们存在银行里的 50 万元的安全，那是不是有了存款保险就真的安全了？有没有不在这个保障范围内不给赔付的？什么样的银行有这个保险？这个保险的费用是谁出的？银行倒闭了多长时间赔付？是一个家庭保 50 万元还是一个人保 50 万元？

第一，银行存款保险制度是 2015 年 5 月 1 日施行的，所有在中国境内设立的银行机构，为了保证储户本金的安全，由银行向保险公司支付保费购买的存款保险，我们个人不需要出钱。

第二，如果银行破产倒闭了，储户的银行存款的本金加利息，50 万元之内的无条件赔付，50 万元之外的有条件地支付。

第三，50 万元是指同一个人在同一家银行所有存款的本金加利息，而不是以家庭为单位的，所以如果存款超过 50 万元，要么就存在家里不同人的名下，要么就存到不同的银行（注意，同一家银行，是每一个法人机构算一家银行。不同的银行并不是银行的不同的网点支行）。

第四，银行倒闭了，谁来赔付？由保险公司来赔付，我们的存款保险是由中国存款保险公司承保的，它是中国境内唯一一家存款保险的理赔机构。

第五，该保险保的是以存款形式存在的定期或者活期存款，不管存在卡里还是存单、存折上，都会享受保障。但是你在银行买的保险产品、理财基金，银行是不负责赔付的。另外，如果存款被银行工作人员私自挪用、盗取，也不受存款保险保护，遇到这种情况银行会报案，会被界定为内部风险跟员工个人行为管理的问题。

第六，银行越小利息越高，网点越多越安全。小银行也是有存款保险的，存款也是很安全的。

最后一点就是中国境内的银行都会有存款保险。一般在银行的门口或者其他比较明显的位置都会贴下图这种牌子（见图 3）。不过，除了一些特殊情况，外国银行在中国境内的不具法人资格的分支机构，以及中资银行海外分支机构的存款，不纳入存款保险。

图3 存款保险标识

比银行存款利息高且安全的储蓄：国债

有没有比银行存款利息高，而且保本保息的储蓄方式呢？答案是有，那就是国债。

那什么是国债？怎么买？在哪里买？最低起买金额是多少？利息是多少？可以提前支取吗？

我国每年3月到11月都会发行国债。银行代销的储蓄型国债比较适合普通老百姓，它和超长期特别国债还是有区别的。相比不断降息的银行存款，国债是相对利息高，而且能保本保息的存款方式。

第一，什么是国债？通俗点讲就是国家向你借钱，等约定时间一到就还本付息。它是以国家的信用为基础的，安全，保本保息。个人投资者能够认购的，主要是储蓄国债，就是把钱借给国家，然后国家给我们打一个借条，借条上面写着借多少钱，借多久。等到期之后，还本付息。

第二，怎么买国债呢？分两种方式，一种是购买凭证式国债，直接用现金、存折或银行卡到承销银行去购买。一种是购买电子式国债。购买前必须先开通国债托管账户，然后用承销银行的银行卡或者存折或者是活期的资金在手机银行、网银、柜台购买。凭证式国债会有一个纸质的像存单一样的凭证，上面写着日期、金额、利率（见图4），而电子式国债就是电子记账，在手机银行

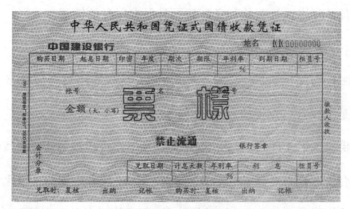

图4　国债收款凭证

上可以查询到，是没有纸质凭证的。

第三，国债发行的时间。国债的发行时间可以在各发行机构的官网或 APP 上查到。储蓄型国债分为凭证式和电子式，一般来说，凭证式是每年的 3 月、5 月、9 月、11 月的 10 号发行。电子式的，在 4 号、6 号、7 号、8 号、10 号发行。

第四，也是小伙伴们最关心的问题，在哪里买？六大银行、股份制银行，还有地方银行，有承销国债的银行都可以去买。有 40 家银行给大家做参考（见表 4），但是尽量去工、农、中、建、交和邮政这六大银行去买。因为他们的国债额度相对来讲会比较高一些。

表4 2024—2026 年储蓄国债承销团候选成员名单

序号	机构名称	序号	机构名称
1	中国邮政储蓄银行股份有限公司	21	成都银行股份有限公司
2	中国工商银行股份有限公司	22	杭州银行股份有限公司
3	中国农业银行股份有限公司	23	东莞农村商业银行股份有限公司
4	中国建设银行股份有限公司	24	青岛农村商业银行股份有限公司
5	中国银行股份有限公司	25	华夏银行股份有限公司
6	招商银行股份有限公司	26	青岛银行股份有限公司

（续表）

序号	机构名称	序号	机构名称
7	交通银行股份有限公司	27	成都农村商业银行股份有限公司
8	江苏银行股份有限公司	28	广发银行股份有限公司
9	北京农村商业银行股份有限公司	29	广州农村商业银行股份有限公司
10	重庆农村商业银行股份有限公司	30	中国民生银行股份有限公司
11	兴业银行股份有限公司	31	河北银行股份有限公司
12	中信银行股份有限公司	32	西安银行股份有限公司
13	南京银行股份有限公司	33	晋商银行股份有限公司
14	上海农村商业银行股份有限公司	34	浙商银行股份有限公司
15	北京银行股份有限公司	35	上海浦东发展银行股份有限公司
16	上海银行股份有限公司	36	天津银行股份有限公司
17	平安银行股份有限公司	37	汉口银行股份有限公司
18	中国光大银行股份有限公司	38	长沙银行股份有限公司
19	宁波银行股份有限公司	39	苏州银行股份有限公司
20	徽商银行股份有限公司	40	乌鲁木齐银行股份有限公司

* 信息来源于中国人民银行官网。

第五，就是付息方式不同：凭证式国债是到期一次性还本付息；电子式国债是每年付息一次，最后一次还本付息。凭证式国债因为有纸质的凭证，跟存单一样，不需要开通托管账户，所以特别受老年人的喜爱。而电子式国债不需要排队，操作也比较简单，比较适合年轻人。电子式国债由于是一年就可以付息，所以用利息再购买国债，或者是再存银行就可以得到复利。

第六，国债多少钱起买？利息是多少呢？2024年9月10日发行的国债，3年期的年利率2.18%，5年期的是2.3%，都是100元起买。

第七，可以提前支取吗？答案是：可以。国债采用的是靠档计息，不同于银行存款，超过半年就可以支付利息，但是提前支取需要手续费。

这种利息相对高且安全的储蓄方式特别受大家欢迎。所以大家要提前与银行沟通，看看是不是承销银行，提早排队才能买得上。

国债逆回购

国债逆回购，其实是一种短期理财方式。

即个人通过国债回购市场把自己的资金借出去，获得固定的利息收益；而回购方，也就是借款人用自己的国债作为抵押获得这笔借款，到期后还本付息。

简单来说，就是金融机构或企业需要用钱时，把手里的国债暂时抵押给你，你把钱借给他们。过一段时间，他们连本带利把钱还给你。

国债逆回购安全吗？怎么买？会不会亏本？

第一，国债逆回购安全性高，某种程度上安全性高于银行存款。

第二，这个产品一般在月末、季末、年末以及节假日之前收益率比较高。到期后，本金和利息会自动返回到你的账户，非常方便。

第三，国债逆回购的收益率与市场资金的紧缺程度相关。市场越缺钱，收益率就越高。一旦成交，收益率就会锁定，不管市场如何变化，它都是固定的。

不得不说，国债逆回购是一个薅羊毛的神器。它既能保本，操作又简单，门槛低，期限灵活，节假日还能多赚几天利息。

那么，什么人适合购买国债逆回购产品呢？如果你有一笔短期闲置的资金，就可以考虑购买。

但是，购买国债逆回购产品也有一些需要注意的事项。首先，你需要有一个证券账户。其次，购买时要注意交易时间，一般在月末、季末、年末以及节假日之前收益率较高。手续费方面，每10万元一天大概1元，30元封顶。

购买国债逆回购产品的步骤也很简单。在哪里买？可不是在银行了，而是在证券交易所里。你得先开通一个证券账户，然后下载它的交易软件，就可以在交易日进行操作。根据自己不同的需求来选择就可以了。1000元就可以买，通过股票交易软件操作，报价成交，自动扣除手续费。到期后，资金自动到账。

购买的期限有1天、2天、3天、4天、7天、14天、28天、91天，最多有182天的，中间有各种期限，在手机和电脑上都可以操作。一般来说，投资时间越长，收益率并不一定越高，性价比也不一定最高。（见图5）

全部　收益更高	年化收益/千元收益 ⓘ	计息/可用	操作
1天期 沪 204001	**2.300%** 0.063元	1天 02-06	下单
2天期 沪 204002	**2.295%** 0.126元	2天 02-07	下单
3天期 沪 204003	**2.290%** 0.816元	13天 02-08	下单
4天期 沪 204004	**2.320%** 0.890元	14天 02-19	下单
7天期 沪 204007	**2.430%** 0.932元	14天 02-19	下单
14天期 沪 204014	**2.425%** 0.930元	14天 02-19	下单

* 截取自2024年2月3日交易软件（部分）

图5　国债逆回购交易利率

　　国债逆回购产品的购买时间是从工作日早上 9 点到下午 3：30。
手续费是 0.001%，按天计算，也不算太高。

　　提供国债逆回购交易的有两个地方，一个是上交所，一个是深
交所。不同交易所，同样期限的国债逆回购收益率可能会有略微差异。

　　总之，国债逆回购是一个不错的短期理财选择，尤其适合那些
有短期闲置资金的小伙伴。但购买时也要注意一些细节，权衡好收
益和成本。

把钱放在余额宝、零钱通、银行
活钱管理，安全吗

　　如果我们手头有不用的 10 万元，该怎么打理，既不损失利息，
又可以灵活支取呢？我总结了 3 个方法。

　　第一，如果你想稳妥，就选择通知存款，一般大银行都有，有 1
天期的，也有 7 天期的，这属于存款，保本保息。

　　第二，国债逆回购。这个可不是在银行操作了，而是在证券交

易软件里操作。

第三个方法就是银行的活钱管理。

如果你能接受把钱存在零钱通或者余额宝里，就可以接受这种活钱管理。它们都属于货币基金，风险程度都差不多。但是，活钱管理收益要比存进余额宝和零钱通的收益要高一点，利率低的也有1.8%，高的可以达到2.42%，基本上在2.1%~2.3%。（2024年9月数据）

活钱管理适用于家庭备用金，或者暂时不用但又存不了定期的资金。我提前还房贷的时候，有20多天的资金空白期，定期存不了，活期利息又太低，我就选择了活钱管理和国债逆回购，收益还是相当满意的。

那么钱放在零钱通、余额宝或活钱管理里，到底安不安全？

零钱通、余额宝或活钱管理相对来讲，安全性比较高，流动性比较强，出现亏损的概率比较小。但要注意这些都不是银行这种保本保息的存款，不像银行存款那样有存款保险。这些都属于货币基金，在一些情况下也可能出现亏损，购买条款里都会有相关的风险提示。

余额宝和零钱通的利息一般是低于活钱管理的，活钱管理有的利息甚至可能高于银行3年定期存款。一般情况下，我会把家庭备用金放在活钱管理里，随取随用比较方便。余额宝和零钱通灵活性高于这种活钱管理，支付起来比较方便，一般情况下我们家的日常生活开销，会放在余额宝和零钱通里，记账也比较方便。

零钱通、余利宝、余额宝有什么区别？

余额宝、零钱通和余利宝是 3 种不同的在线理财工具，实际就是把家里闲置资金投资于货币市场基金，从而获得收益，并且能保持资金的流动性和安全性。

1. 余额宝是由蚂蚁集团推出的一款在线理财服务，可以将支付宝账户中的余额存入余额宝，这些资金会被用于购买货币市场基金，从而获得收益。

特点是门槛低，风险性低，流动性高，适合日常小额资金管理，但收益相对较低。

2. 零钱通是腾讯公司推出的微信钱包功能，用户可以将微信钱包中的零钱存入零钱通，享受货币市场基金的收益。

特点是可以直接用于微信支付的各种场景，存取灵活，风险低，但选择相对单一，收益率跟余额宝一样高于银行活期存款。

3. 余利宝主要面向淘宝商家，是一个 B 端的货币基金，提供资金管理服务，用户可以将资金存入余利宝，享受收益。

特点是提供更高的收益和更大的免费提现额度，存入上限高，适合高净值客户或商家，但资金使用灵活度不够，不适合频繁小额取用。

余利宝有两个版本，一个普通版，一个优享版。普通版就是货币基金，而优享版则是一款风险等级稍高的银行理财产品，风险更高，收益波动大，有可能亏损。

在选择这些理财工具时，应该根据自己的风险承受能力、资金使用需求以及对流动性的要求来做出合适的选择。

对普通用户来说，可能余额宝更合适，毕竟用起来方便，门槛又低。但你要是手里活钱比较多，余利宝可能就更合适了。不过，余利宝的优享版可能风险很高，建议先了解清楚再决定。

悄悄存钱，稳稳变富

活钱管理

活钱管理，也就是现金管理，或者叫短期存款理财产品。

这个活钱管理，其实就是货币基金，不保本保息。货币基金在各种基金里算是比较安全稳定的。它主要投资于货币市场，比如国债、央行票据、银行存款这些理财产品，相对来说都比较稳定，可以保证我们的本金安全，而且支取也比较灵活。理财产品按风险等级划分，从R1到R5，数字越高风险越大，活钱管理属于R1，风险级别最低。

如果你有一笔钱短期不用，就可以存到货币基金里。因为它的收益相对来讲比较高，流动性也好，安全性也不错，利率一般为1.7%~3%。

当我手里有一笔暂时不用的闲钱，一部分可以用于操作国债逆回购，还有一部分我就放在活钱管理里，10~20天的，收益还比较高，而且随时可以支取。相当于分了两个篮子。

现在银行存款利率很多都跌破2%了，但货币基金的风险等级是R1，相对来讲比较安全。而且它的投资门槛比较低，1元就能买，有的产品限额5万元，有的10万元封顶。

那我们怎么去买呢？怎么分辨是不是现金管理类产品呢？你登录手机银行，选择理财板块，一般来说，标注有万分收益、7日年化收益率的，就是现金管理类理财产品。

各大银行活钱管理产品见表5：

表5　各大银行活钱管理产品名称

中国银行	活钱宝
建设银行	龙钱宝
农业银行	农银时时付
招商银行	朝朝宝
工商银行	天天盈
平安银行	灵活宝

关于赎回，一般都是随用随取的，但有的是当天买当天就能赎回的，有的是T+1，即购买隔天后才能赎回。但大家记住，只要是理财，都是有风险的。市场的行情谁都说不准，除非合同里写明了保本保息。一般来说，理财产品都不会承诺保本保息的。

所以大家投资的时候，千万不要盲目跟风。如果你没有把握，就踏踏实实存银行。如果你觉得自己了解得比较多，可以选择风险比较低的活钱管理。

黄金还能买吗

最近的黄金价格一直处于上升通道,那么黄金到底还能不能买?

金价跟很多因素有关,比如供求关系、美元的走势、通货膨胀等,还有就是国际政治、地缘冲突……对于金价的把握,谁也踩不着最低点。所以要根据自己的心理价位和需求去买,别跟风追涨买。

1.买金首饰能保值增值吗?

黄金首饰和回收金价之间是有差额的。比如金店的黄金首饰可能会卖到每克650元,实物金条回收价可能只有550元。所以以投资为目的的话不建议去金店疯抢黄金首饰。但黄金首饰作为消费品,只要你喜欢,什么时候都可以买,这已经是普通人能接触到的最保值的消费品之一了。

2.我们普通人买哪种黄金能相对保值增值?那肯定是银行的投资金条,它是我们普通人能买到的溢价最低的实物黄金。注意不是生肖金条,也不是金碗、金算盘之类的工艺金。

3.各个银行的投资金条有:工行的如意金、农行的传世之宝、建行的建行金、中行的吉祥金、交行的沃德金等。

4.怎么买？可以去柜台买，也可以手机银行下单，可以选择邮寄，也可以自提，但是一定要提前打电话预约。

5.关于回收，每个银行基本都有回收业务，但是回收价格是不一样的，依据都是实时的大盘金价和挂牌赎回价，比如建行是在赎回价的基础上减4元，交行减3元，具体情况最好提前查询或咨询一下。

6.过去20年的黄金整体走势是涨的，但是你买的时候是在山尖上还是在半山腰上，谁也无法预料。

7.我们普通人别盲目追涨，别把所有的钱都扔进去，黄金的变现途径就那么几个。放平心态，踏实守住自己的钱，根据自己的情况适当储备黄金。

8.钱不多的小伙伴们，可以买积存金，就是一克一克地存，存到一定克数去银行兑换金条。既不占用我们大量的资金，又可以把烧钱的坏习惯变成黄金，还能平摊金价忽高忽低的风险。

普通人不要跟风，不要动不动就犯红眼病，你的认知决定你的财富上限。

普通人怎么攒黄金，既省钱又保值

我们普通人怎么攒黄金？哪种渠道更划算更适合自己？

首先说说都有哪些渠道。

第一，金店的金首饰，它的溢价远远高于你的想象。当你着急用钱时，回收的价格可能比你买的时候还要低，这就没有投资的意义了，需要长期持有才有可能增值。

当然，如果你纯粹是喜欢这种小饰品，或者为了一定的寓意或祝福，那就另当别论。

第二，银行的投资金条，相比金首饰更能保值和增值。但实物黄金无论是首饰还是金条，都是有工本费的，不适合短期频繁地买入卖出，弄不好就容易亏本。

第三，黄金 ETF（Exchange Traded Fund），这是一种交易型开放式指数基金，它直接与实物黄金挂钩，作为黄金的持有凭证，可以在一级市场申购和赎回，也可以在二级市场交易。投资者可以通过黄金 ETF 间接投资黄金，享受黄金价格波动带来的收益，具有较高的流动性和较低的管理费用。

买黄金 ETF 实际上就是买交易所里的实物黄金，黄金 ETF 的优势在于买入方便，基本上没有金额限制，手续费也低，需要有证券开户，但是要买指数跟踪类的，千万不要错买成持有股票的基金。如果你从来都没有炒过股，建议别碰，毕竟没有人能保证买到最低点。

第四，积存金，类似零存整取，就跟强制储蓄一样，一克一克地攒，攒到一定克数，可以去银行提一根金条。积存金有两种，一种是可以直接提金不交任何手续费的，一种是提金需要补差价的，类似纸黄金。

工商银行、农业银行、中国银行、建设银行，这些国有大银行都有积存金业务。我买的是工商银行的如意积存金。如意积存金是可以提取实物黄金的，一克一克地买，等买到 20 克的时候，可以直接去银行网点的柜台办理提取，兑换成一根金条。积存金后面还会详细介绍。

总之，存钱人不要盲目追涨，不要做超出自己认知的事。切记不要像摇骰子一样，让自己的钱处于一种不稳定的状态。从长期趋势来看，金价会走上坡路，但是谁也不能保证自己一直买在低点。按自己的财富计划按部就班地执行就可以了，可别卖车、卖房，倾家荡产地去买黄金。

悄悄存钱，稳稳变富

购买黄金首饰的 5 个坑

第一，一口价的黄金饰品我不建议买，因为每克的平均价格远远高于按克价计算的黄金饰品，有的要贵一倍多。这种饰品的价格是商家规定的，跟大盘金价的关系不大。若采取以旧换新的方式，我也不建议换一口价的金饰品，所得的克数会越换越少。以为占便宜，实际花得更多。

第二，如何选金店？每个金店都有自己的特色，现在金店特别多，有些名字还很相近，似是而非。如果你辨别不了真假，记住避开那些网上被曝光缺斤短两、以次充好的金店就行了。

第三，看钢印。足金首饰的钢印是足金 999 或者 Au999 和 G999，黄金上面的几个 9 代表着含金量，国标规定含金量不低于 99% 的黄金都称为足金，3 个 9 表示黄金含量不低于 99.9%，钢印是足金 999 或者 Au999、G999；4 个 9 表示黄金含量不低于 99.99%，钢印是足金 9999 或者 Au9999、G9999。注意 9 前面要有 Au、G、足金这种字样。

另外 Au750、G750、G18K 代表的是含金量为 75% 的黄金，就不是足金。

第四，选款式，空心的手镯我不建议买，因为如果坏了不好修复，要买实心的。另外，手镯不买搭扣的，搭扣部分不是足金的，但商家会按照足金计算价格，要买一体成型的，或者推拉扣的。吊坠的扣头太小的不建议买，不结实。项链弹簧扣不要买，这个扣头也不是足金的，要买 M 扣的。

耳钉不买直针的，因为直针部分也不是足金的，要买弯针的。镶嵌珠宝和镶嵌珍珠的，不建议买，这些镶嵌的东西一般不值钱，而且容易损坏。

第五，一定要发票，发票才是证明你这些金首饰的唯一有效凭证，回收的时候就不用费口舌了。有些金店跟你说，销售单就等同于发票，其实概念完全不一样。有了发票之后，万一出了问题方便我们维权。但是回收的时候，即便你没有发票，也不能成为降低回收价的借口。

银行的金条怎么买

买银行的金条也要做功课。在银行买金条，我们怎么买？买什么样的金条既简单方便又省钱，又能保值增值？银行的金条是不是足金，能不能回收？

第一，金条的价格是跟国内金价大盘同步的，银行会在大盘金价的基础上，加 10~19 元后作为银行的挂牌卖出价。

· 工商银行按上海黄金交易所定价每克加 12~16 元。

· 建设银行每克加 14~16 元。

· 农业银行每克加 16~19 元。

· 中国银行每克加 13~15 元。

为什么价格不一样？比如农行多加了几元，是因为使用了锻压工艺，所以做工好点，工费会多一点。

第二，银行的金条，有投资金条，也有工艺金条，比如生肖金条、纪念金条，都属于工艺金条。工艺金条的价格要高于投资金条。但银行回收时都是按当日挂牌回收价计算的。所以建议买投资金条，相对更保值一些。

第三，金条在哪里买合适？首先要选择离家近的银行，再就是哪家银行便宜买哪家的。还要考虑小城市是不是有能提取实物金条的银行网点。

工商银行、农业银行、中国银行、建设银行、交通银行的投资金条都可以买。去柜台买要携带身份证。先打电话咨询，确认这些银行在你附近的网点有没有贵金属业务，有没有库存，再横向比较一下，哪家便宜就买哪家的。

第四，关于金条回收，途径有 4 个：银行、典当行、金店和个人。注意，不是所有的银行都有回收业务，也不会跨行回收。打开包装的，银行也不回收。像工艺金条、工艺品、黄金饰品等，银行也不会回收，只能通过其他 3 个途径进行回收了。

投资金条，中国银行叫"吉祥金"，有两种，一种上面写着"吉"，一种上边写着"祥"；建设银行的叫"建行金"；工商银行的叫"如意金"；农业银行的叫"传世之宝"；交通银行的叫"沃德金"。

我们存金条，就是想把暂时不用的钱攒起来，养成存钱的好习惯。有了金条，跟存钱一样，也是有底气的。

悄悄存钱，稳稳变富

用金条打金首饰，5 点避坑

用金条去打金手镯，如果你不做功课，不知道去金店该怎么做，有可能就会损失克重。

第一，去之前先称重。银行买的金条克数是很准的，但是要把旧首饰拿去换一个新款式，就不一定了，所以要先在家把重量称好，做到心中有数。到店之后，一定要让商家用砝码测试他的秤准不准。跟自己在家称的重量比较一下，秤之间可能有误差，但一般不会超过 0.1 克。

第二，不做清洗。店家有可能会提出你的金饰有些脏，需要先清洗一下，但有些洗金饰的水会"偷金"。

第三，要求使用原料走水焊接工艺，就是在焊接的时候不使用焊药。焊药本质就是不纯的合金，最后结算时会占用克重。

第四，检查下商家熔金的那个小碗是否干净，有没有其他金属的残渣。如果不干净，赶紧让他换一个，不然会影响纯度。

> 第五，关于补克数，也是很关键的。正常的损耗应该在 0.2 克以下，甚至不到 0.1 克，高出太多就是有问题。要求商家按当天的金价给你补上，或者可以抵加工费。
>
> 我们只需要记住这 5 点，无论在哪里加工，都不怕被坑了。

挣钱不多也可以买银行金条，积存金可以一克一克地存

对于我们这些余钱不多、收入低的普通人，可不可以买银行金条？答案是可以买。用积存的方法，就是一克一克地买，攒到 20 克或者 50 克的时候，去银行换成一根金条就可以了。特别适合那种钱挣得不多，而且每月存不下钱，又有烧钱的习惯，总是买东买西的人。如果把买一个包、吃一顿大餐的钱，变成一克一克的金，那就只有存钱的快乐，没有花钱的烦恼。

第一，在哪儿买。可以去银行柜台买，也可以在手机银行上买。我一般是在手机银行上买，简单、方便，节省时间。

各大银行积存金名称和购买渠道见表6：

表6　各大银行积存金名称和购买渠道

银行	可直接提金	金条名称	购买渠道
工商	如意积存金	如意金	柜台、网银、手机银行
农行	存金通2号	传世之宝（浇筑）	网银、手机银行
农行	存金通1号	传世之宝（压制）	柜台
中行	贵金属积存	吉祥金	柜台、网银、手机银行
建行	易存金	建行金	柜台、网银、手机银行

第二，怎么买。首先要准备一张有积存金业务银行的银行卡，开通手机银行和贵金属业务。一般积存金分两种，一种是可以提金条的；一种是价格稍低，不能提取实物金条的，如果改主意想提取实物金条，需要补齐差价。这个表里的都是可提金的。

购买方式也有两种，一种是主动积存，一种是定期积存。主动积存就是根据我们自己的资金情况和金价的高低自主去购买。定期积存就是和银行签约，按照你设定的固定日期和购买克数，银行直接从你的账户上划款购买，需要在约定的银行划款前一天，补足自己的购买金额。我一般选择的是主动积存。

第三，买的时候，可以按克数买，也可以选择按金额买。我一般选择按克数买。这样购买的都是整数克重。如果选择按金额买，有最低起存金额，会按照当日挂牌金价给你折合成你可以购买的克数。无论你积存了多少克数，只要你没有提取实物金条，这些黄金克数就在你账户上，你随时都可以赎回。赎回价按你赎回操作当天的挂牌赎回价计算。通常，银行的挂牌赎回价要低于挂牌卖出价，因为银行也要挣钱。

在提取了实物金条后，你需要用钱时，可以把金条变现。拿着没有开封的金条、发票、证书，去你当时购买的银行回收变现就可以了。每个银行回收的网点不多，要提前打电话咨询。需要注意的是，银行金条是不能跨行回收的。另外，多数银行的积存金业务不能异地提金，也就是只能在你开卡的那个城市的银行去提取。但有个别银行是可以异地提金的，所以一定要咨询清楚了，再积存。

积存金提取金条时，我们需要注意以下几点：

1.本人携带证件：提取金条时，一定要本人带着身份证，以及购买时在 App 上绑定的那张银行卡。因为银行工作人员需要从这张卡里扣除你提金的克数，提金后剩余克数也会显示在你的卡里。

2.记住银行卡密码：在确认提金时，需要输入密码，可能需要多次输入。

3. 提前到银行：因为银行里人很多，需要等号，而且只能在柜台办理提金。黄金业务不是银行主营业务，柜台工作人员操作可能没有平时办理现金存款那么熟练，所以需要耐心等待。要预留出足够的时间。

4. 带合适的包：因为金条通常会装在一个小方盒子里，所以去提金时，要背一个能装得下盒子的包。另外要记得向银行要发票，也有可能不能当时开具，需要再跑第二次来领取。

5. 提前预约：需要提前给开户行打电话预约提金。如果不知道开户行电话，可以打银行客服根据银行卡号查询，或者上网查一下。

6. 注意开户地：提金通常需要去银行卡开户地的银行办理，所以如果开户行不在你生活的城市，可能会增加提金的成本。

7. 选择合适的克数：根据自己实际情况，选择合适的克数提取金条，银行通常提供20克、50克、100克、500克、1000克等不同规格。

8. 避免投资风险：我主张大家把攒金当作一种存钱方式，而不是投资。

总之，攒金条是一个细水长流的过程，我们可以把平时省下的钱，比如少吃一顿火锅、少买一件衣服的钱，用来攒金子。慢慢积累，最终就能攒成一根金条。这种方式既安全又稳定，非常适合我们普通人。

存款好还是买保险好

最近有朋友特别高兴地跟我说："我也去银行存钱了，存了一个农银人寿，每年存1万元，有15天的犹豫期。"我就问她，你确认你存的是银行存款还是保险？因为我知道银行的存款可是没有犹豫期的，这是保险的专业名词。

正好第二天我去农行存钱，就顺带了解了一下。银行的工作人员特别热情，带我去了二楼，从电脑里打印出一份单子。我看了一下这张单子，在现金价值这栏发现前5年是负增长，第6年才有利息。也就是说，按这张表格的保险规划来看，每年存10万元，第6年的时候才能回本，再往后收益逐年递增。这个保险产品捆绑了一个终身寿险，也就是说，购买的人去世了会有一笔赔偿。

所以，在我们没有了解清楚理财知识之前，先不要去碰保险。把钱踏踏实实地放在自己的兜里，去银行柜台存定期。

有人可能会说，你是不是不建议我买保险，只建议我存钱呢？不是的，存款和保险在家庭资产配置中都要有一定的比例。比如我家，重大疾病险、养老保险都有，这些都是20年前就配置好的，所以现在我退休了，就不用再操心这些保险，只需要存钱。

如果你现在二三十岁，或者已经有了孩子，那你就应该考虑给
自己和孩子买一份保障。

买保险要根据自己的家庭收入进行配置，你还要考虑它的灵活
性，如果你的家庭资产配置里还没有保险，在你已经有足够多的存款，
而且在有医保和社保的情况下，你可以拿出家庭收入的 5% 到 10%
来买保险，这是没有问题的，因为保险也是一种保障。

贷款买房如何省钱，选择什么样的银行

贷款的利率如果选好了，可以省钱，甚至能省几十万。根据我
以往贷款购房的经验，我总结了以下 5 点：

第一，选择贷款利率低的银行。买房的时候，一定要先把贷款
银行的利率搞清楚，有些开发商会跟好几家银行合作，因此要选一
个贷款利率低的银行进行操作，这关系到我们长达 20 年到 30 年每
个月还款的数额。

第二，在条款合同里关于提前还贷是否支付违约金。我买房子

贷款的时候没有注意到，结果条款里约定提前还贷要偿还两个月利息的违约金。这样如果提前还贷就亏了。

第三，需要明确可以提前还款几次，在合同中要有约定，这点也非常重要。

第四，还款方式是等额本金还是等额本息。一字之差，千差万别，可以差出十几万元的利息。

银行常见的有4种还款方式：1.等额本息；2.等额本金；3.等本等息；4.先息后本。

1.等额本息：每月还款是固定额。每期还款包含一部分本金和当月剩余本金的利息。

一般来说，这种方式如果贷款都还了一半了，就没必要申请提前结清贷款。因为即便提前结清，结清的大部分都是本金而已，该还的利息差不多都还了，还不如把资金留下存起来，还有利息可拿。

2.等额本金：每月的还款额逐月减少。因为每个月还款，本金固定不变，利息逐月递减，所以本金与利息加起来，每月还款额就会逐月减少。

3.等本等息：每个月归还的本金与利息都不变，所以每月的还款额也是固定不变的，与等额本息有本质区别。

4.先息后本：顾名思义，先还利息，最后归还本金。常用于企业经营性抵押贷款，银行较少数的信用贷也会有这种还款方式。

总结见表7：

表7　常见的4种还款方式

还款方式	特点	计算公式	常用于	还款	适用人群
等额本息	每月还款本金逐月增加，利息逐月减少，息随本减	每月利息＝剩余本金 × 月利率	房贷	前半期本金还得少，利息还得多	收入稳定的人
等额本金	每月的还款额逐月减少。因为每个月还款本金固定不变，利息逐月递减，所以本金与利息加起来，每月还款额就会逐月减少	每月利息＝剩余本金 × 月利率	房贷	利率是一样的，但是因为还款方式不同，所以等额本金支出的利息少于等额本息，而贷款初期，等额本金月供压力大于等额本息	收入较高的人
等本等息	每个月的利息并不会随着本金的减少而减少，就算到最后一期，也是按照初始贷款本金来计算利息的	每月利息＝初始贷款本金 × 月利率	信用卡	等本等息的真实年化利率计算公式十分繁杂，但可以简单估算出近似值：真实年化利率＝月利率×12×1.85	
先息后本	先还利息，再还本金				企业抵押贷款信用贷款

用一句话总结就是，贷款买房时，你要想省钱，就选等额本金，如果你想减轻月供压力，那你就选等额本息。

最后一点，要注意的细节问题，就是最好选择离家近的银行，这样办理起来比较方便，省时、省力、省钱，因为时间成本也是钱。

总之在买房的时候一定要看好这几点，这样你可以少走很多弯路，省很多钱。一旦选择了买房，你将背负 20 年甚至 30 年的债务，所以在买之前一定要多做功课，多权衡。

房贷利率下降能省多少钱，提前还房贷选择哪种方法

房贷利率下调，我们的月供到底能降多少钱？普通人要不要提前还房贷？手里有多少钱时我们可以提前还房贷？提前还选择哪种方式？什么时候还更合适？出现问题了我们怎么去维权？贷款可以抵税吗？

2024 年 2 月 20 日，央行公布 5 年期以上的房贷利率下调 25 个基点，从 4.2% 降到了 3.95%。那我们的月供到底能降多少钱呢？举个例子：假如你贷款 300 万元，30 年等额本息，下调之后，每个月

可以省 430 多元，30 年总利息可以省 15 万多。但是大家要注意，这次降息跟公积金贷款没有关系，降的是商贷。

第一，你和银行签订的贷款合同，调整利息的时间是几月，就从几月开始。如果是 1 月 1 日的，就得从次年开始调整。利息降了，要提前还房贷吗？有两种情况：一是你现在确实手里有一定的富余钱，那就可以提前还房贷；二就是你现在没有特别好的投资渠道。

第二，选择哪种方式提前还贷？两种方法：一种方式是月供不变，年限缩短；另一种方式是年限不变，月供减少。第一种方式，月供不变，年限缩短，很多人都在推荐，从计算结果来讲，交的年限少了，会省很多利息，因为我们占用资金的时间短了，房贷利息是根据剩余本金和资金占用时长来决定的。年限缩短了，就是占用资金时间短了。第二种方式，年限不变，月供少了，年头多了，看似是亏了很多的利息，但是减轻了你的月供压力，而且你减少的那部分不用还的贷款，你计算过它的利息吗？如果你计算出来之后，会发现可能比第一种的利息还要少。还有，如果现在 100 元可以买 20 斤大米，那么 20 多年之后，100 元可能也就买 10 斤大米。这两种计算方式都是由银行的精算师精确计算出来的，各有利弊，无论选择哪一种方式，只要适合自己就可以了。

第三，选择什么时间去还，手里到底有多少钱时才能去还？这个问题要根据自己的实际情况，只要你收入稳定，手上的钱没有更好的投资渠道，那什么时候去还都非常划算，不一定非要等一年，也不必非要攒到一个大数去。无论你是否提前还贷，手里必须留够生活的钱和应对偶发事件的备用金。

第四，在还款过程当中，银行不能收你任何合同规定以外的费用和违约金。解决不了的，可以去打 12378 维权。

第五，如果你收入比较高，房子是首套，想抵个人所得税，就可以选择留少一点的贷款用于抵税。

高利息理财也可能是个坑

最近几个朋友跟我说她们买理财产品踩雷了，本金利息全都拿不回来，我问她们投资了什么产品，结果都是固收类。

她们买的固收类理财产品，是收益相对固定的理财产品，有的利率是 8%，有的是 10%，往往是通过朋友介绍，或者被中介公司忽悠买的。当时还签订了合同，但是爆雷之后，本利全无。当她们为这一点利息欢欣雀跃的时候，本金却可能离她们越来越远。

你想一想，假如他能给你8%或者更高的利率，他投资的那个项目的利率必须比给你的8%的利率还要高。但这种事往往都是风险非常大的，像股票投资、期货，以及一些不在你认知范围之内的东西。往往这时候，你只会看到高额的利息，而没看到利息背后承担的风险。

你获得的利息越高，失去本金的概率也就越高。你现在应该关注3点：一是你自己的健康；二是你的平和心态；第三也是最关键的，把在你认知范围内挣到的钱，牢牢地掌握在自己的手里，这样你的生活才有可能越来越好。

如果你已经不小心上当了，不要着急。我们坚定信念，把后面的生活踏踏实实地过好。把自己身体调整好，重新开始，重新挣钱，重新攒钱。坦然接受，我们可以一切从零开始，只要有健康的身体，什么时候都来得及。

悄悄存钱，稳稳变富

信用卡避坑，羊毛不是随便薅的

你再会算，有银行专业吗？如果你的自控能力很强，规划好了，信用卡免息期和积分就都可以帮你省钱；但是如果你的自控能力较差，信用卡可能就是你掉进深渊的开始。

第一个坑是人们特别喜欢的免息期。一般借款有免息期，一天都不能耽搁。否则哪怕逾期一天，就会按全部的时间计息，还要收滞纳金。

第二个坑是选择最低还款额。信用卡最低还款额的利息按日利率0.05%结算，年化利率就是18.25%，这么高的利息，算清楚你还敢用吗？

第三个坑是关于分期手续费。刷卡的时候，商家会分给银行一定比例的利润，所以银行希望你分期。信用卡分期手续费折成年利率是7%~9%。

我多年前有张信用卡消费了22.8元，后来把这件事忘了，等我买房子的时候一查，说我的征信有一个逾期。我们存钱人不要总想着占便宜，把大部分的时间和精力都放在这蝇头小利和投机取巧上，就注定不会把注意力放在自我成长、自我提高上。这种叫心穷，心穷往往还会影响到生活习惯甚至是整个家庭。

有负债怎么存款，5步助力快速还款

有负债，该怎么存钱呢？每次存多少钱？在你还债的过程当中，也有急需要用钱的时候，如果这时你兜里一分钱都没有，临时也不一定能借得到，还不如手里有一点存款应急用。那么该如何存钱？怎样才能把贷款尽快还完？

首先，必须分析导致负债的原因。负债的原因很重要，分析原因也是为了避免再犯同样的错误。

第一种，不良的消费习惯造成的无度超前消费。消费时只图一时快乐，不顾及自己有没有能力偿还，结果就造成了恶性循环，越来越还不上，这种情况比较多。

第二种，挣钱心切，轻易相信别人，从而上当受骗。

第三种，为家里还钱，这是一种被动的负债。

第四种，为了满足刚需，比如房贷、车贷。

如果你是第一种和第二种情况，必须改变，把这两个口子给堵住，不让负债越来越多，否则你会拆东墙补西墙，人生到处是漏洞，怎么堵也堵不上，最后墙全塌了。生活中的一些高消费和超前消费，在还债的过程当中必须都停掉。而当你没有更多挣钱途径的时候，首先就要节流。第三和第四种多数是在可控制的范围之内，还不至于是恶性循环的债务，做到心中有数就可以了。

其次，要制作一个负债清单表，把所有的负债都罗列上，把哪个平台的、哪个银行的还款金额是多少，利息是多少，哪天还款，详细地列出来。（见表8）

表8 负债表

负债	项目	金额（元）	利息	到期日期
流动负债	信用卡（1）			
	信用卡（2）			
	花呗			
	借呗			
	小额网贷			
	应还他人的钱			
	其他			

（续表）

负债	项目	金额（元）	利息	到期日期
长期负债	房贷			
	车贷			
	汽车保险			
	自己的保费			
	孩子的保费			
	其他			

再次，按照还款的轻重缓急和利息高低进行排序。

我们把前三项都做好了之后，最后一点也非常重要，就是稳定情绪。如果你现在负债了，千万别盲目地去赚钱。在这种情况下，你不仅赚不到钱，还可能负债越来越多。刚刚负债时，在巨大的恐惧和压力之下，你可能会有一种激进的想法，特别着急，想把债务马上清完，于是就疯狂地去寻找各种赚钱途径。这种急切的心态，往往会让你踩更多的雷，让你目前的境况雪上加霜。要知道债已经欠下了，只能放平心态，积极地去面对。

当前面提到的 4 件事情都顺利完成之后，就要开始制订完成计划了。制作一个完成计划表，按照计划，什么时候完成一项就勾一下。

我们的整个人生，就是一场修行，所有人的生活都不会是一帆风顺的。要相信未来会越来越好，这点挫折对于整个人生来讲算不了什么。等我们年老的时候回过头来看，它只不过是我们人生旅途当中的一段经历而已。

个人养老金可以抵扣个税

个人养老金是可以抵扣个税的，但是，它到底是什么？是什么人都可以参与的吗？有没有风险？哪些人存更划算？和我们交的社保到底有什么区别？

我国现有的三大养老体系，分别是基本养老保险、企业年金和个人养老金。

第一，基本养老保险主要分为城镇职工养老保险、灵活就业养老保险、城乡居民养老保险。

其中职工养老保险覆盖面比较大，它和失业保险、医疗保险、工伤保险、生育保险并称为五险。单位和个人都要按比例缴纳，而且是强制性的，缴纳的这部分钱，就是退休人员领退休金的资金池。北京市 2024 年职工养老保险的最低基数缴费明细见表 9：

表 9　北京市 2024 年最低基数缴费明细

社会保险项目	缴费基数	缴费比例		缴费金额（元）		个人、单位缴费合计
		单位	个人	单位	个人	
养老保险	6821	16%	8%	1091.36	545.68	1637.04
失业保险	6821	0.50%	0.50%	34.11	34.11	68.22
工伤保险	6821	0.20%—1.9% 依行业工伤风险定缴费比例	不缴费	27.28 以0.40%为例计算	不缴费	27.28
医疗保险（含生育险）	6821	9.80%	2%+3	668.46	139.42	807.88
总计				1821.20	719.21	2540.42

* 数据来源于北京市人力资源和社会保障局官网和北京市人民政府官网

第二，有些企业会有年金，包括企业职工的企业年金和事业单位员工的职业年金。

第三，个人养老金。

1.什么是个人养老金？就是我们个人掏钱，给自己存养老金，退休后领取，国家会在税收上给一定的优惠政策，完全是自主自愿的行为。

2.什么人可以参与？只要是参加了城镇职工基本养老保险或者是城乡居民基本养老保险，都可以参加个人养老金制度。

3.个人养老金每年有限额，最多存1.2万元。

4. 如果想存的话，应该怎么开户？

有 23 家银行可以开通，打开银行的 App，直接搜个人养老金，按步骤一步一步进行开户就可以了，也可以去柜台开户。

5. 个人养老金可以投资哪些产品？个人养老金是一个账户，里面你存的钱，可以投资的 4 种产品，包括储蓄存款、理财产品、商业养老保险、公募基金，买这些产品，钱会从个人养老金账户划转。注意，除了存款其他都不是保本保息的。当然国家筛选出来的产品，安全性会高一些，买什么都要做好功课，没有风险承受能力的，你就选择存款吧。

6. 个人养老金跟自己存钱比，最大的优点就是可以抵扣个人所得税的额度。在每年的个人所得税汇算清缴中，如果你存了个人养老金 1.2 万元就可以抵扣 1.2 万元的应纳税额度。

比如说你的年薪是 7.2 万元，减去 6 万元的免征额度，还有 1.2 万元应缴纳所得税。但是如果你已经存了 1.2 万元的个人养老金了，这部分钱就可以抵扣，不用缴纳了。

7. 在退休后领个人养老金的时候，需要缴纳 3% 的税。所以你要计算下，合不合适。

8. 哪种收入比较合适？

（1）年收入在 9.6 万元以上，即每月 8000 元以上比较合适。

（2）年收入 6 万~9.6 万元，也不算亏，相当于延期缴税了。

（3）如果你每个月的工资低于 5000 元，根本就不用交税，那就不用存这种了，因为你退休后领个人养老金的时候，还要缴纳 3% 的税。

总之，收入越高越划算。

不过，它的缺点是流动性差，你存入之后，只有等到退休年龄或者是在一些特殊情况下才能领取。因为是封闭管理，所以会把存的钱锁死。如果是刚工作的人，就真的要等几十年才能取。但是对每月一分都攒不下的月光族来说，这也未必是件不划算的事，就算是强制储蓄了。

按现在的人口趋势，出生率越来越低，长寿的人越来越多，养老的问题，大家都需要重视起来。

增加主动收入，创造被动收入，
让家庭资产增值

第一，如何增加主动收入？

主动收入是指必需付出时间和劳动才能获得的收入，比如工资、自由职业或副业收入、销售佣金、奖金、绩效工资等。主动收入需要持续地投入和付出，一旦停止工作收入也就没有了。

在自己体力和能力范围内，深度挖掘本行业的工作资源，把钱赚到极致。不要无效地拼命加班，要提高工作效率，积极地和客户沟通，从而发掘出更多的机会。工作不是完成上面交代的任务就结束了，除了复盘，还要挖空心思地去学习、积累、尝试，给自己创造更多的主动收入的机会。

第二，如何增加被动收入？

被动收入也被称为不活动收入，不是真的什么都不做就可以躺着赚钱，而是在前期投入一定的时间精力后，可以长期可持续地赚钱。包括租金、投资理财收益、股权分红、知识产权收入、广告分成等。即便不工作，也能持续性地保证收入。

普通人能接触到的最简单、最可能实现的增加被动收入的方式就是利息收入。包括定期存单、国债、活钱管理等。其他的就别轻易尝试了，不做自己不熟悉的领域。

房租是一种简单却被最多人误解的资产，不是买了房就有被动收入了，一定是扣除了房子的各种开销，比如房贷、物业费等，剩下的钱才是被动收入。当然，房产的投入比较大，要提前调查好地段、需求、价格等，一不小心就会亏钱。

考虑增加被动收入时，也要注意避开理财的坑，不要轻易相信任何人，跟随他们冲动购买高收益产品。有些财经博主，会引导你入局。比如，很多人都留言问我怎么买理财产品，但我不会让他们去开户，也不会一步一步地引导他们听什么课，更不会让他们去买除了国债逆回购外的其他理财产品。凡是花钱买理财的事，一定要提高警惕，保持谨慎。

有些人挣钱心切，脑子一热，觉得这是一个机会，一冲动就跟着什么人买理财产品。但这些都不是定期存款，不保本保息，高利息往往伴随着高风险，可能最后就会亏了本金。你要是真的想买，就下功夫多学习，深度了解之后，看适不适合自己再做决定，切记不要盲目跟风买。

第三，如何靠副业赚钱？

现在互联网发达，各种媒体平台的兴起，各种技术和工具的发展，为我们低成本靠副业赚钱提供了便利。

目前我的主要副业是做自媒体。其实做自媒体没有那么容易，你必须具备两个条件：一是能坚持；二是要有充足的时间，每天至少要投入 8 小时的时间。你纵然有一腔热血，如果不具备这两个条件，有钱也是白花。

如果你真想学，有个省钱的方法，初学者不用报专门的培训课，所有知识点官方课堂（如抖音创作者中心的学习中心）都有讲解，不需要花钱，只需要你花时间学习，看看自己哪些方面有可持续的输出，就做哪个赛道。成长、母婴、写作、服装、护肤、家居、育儿都可以。找到自己感兴趣的或擅长的，长期坚持下去。开始时多了解平台规则，向成功的达人学习，慢慢形成自己的风格。哪怕没人看，没流量，也是宝贵的经历。不做就不会有任何结果，做的过程就是收获。

另外，副业中也有很多坑，要注意调查和分辨。比如很多人听说过只要你学会了配音，每天就能轻松入三四百元。上当的多是一些宝妈，培训交了 2000 元，购买设备交了 2000 多元，等你买了设备，也调试好了，钱还是没挣到。他们会说，你的账号粉丝不够多，很难接到单。

当然，可能确实有一些人会从中挣到钱，但是概率非常小。类似这种还有剪辑、写作兼职等等。并不是说这些不能学，但普通人要先充分了解，再深度思考是否适合自己，是否能坚持，是否有匹配的资源，想好了再花钱去学习。切忌三分钟热度！没有经过调查和思考，一时兴起学了很多课程、买了设备，却不能坚持下来，不仅浪费钱，还浪费精力和热情。

还有就是要避开网上那些零元购的坑：零元学书法、零元学《易经》、零元学舞蹈等等。免费的才是最贵的，往往后面跟着的是商家的一个又一个套路。

　　真正想提高自己，还要深度学习专业技能，这样才能做单价高的副业，比如，翻译、家庭教育指导、代理记账、税务筹划等。

第三章

稳稳的情绪

———————

存钱人要把生活过得津津有味

存钱人，要努力把生活过得津津有味

普通人想要存钱，不需要节衣缩食，刻意节省，只需要改掉一些无脑烧钱的习惯，钱自然就能攒下来。

少买东西多存钱的感觉非常奇妙。只要把原来冲动消费的钱存起来，你会发现存钱带来的满足感比消费带来的满足感多得多。这种感觉只有存下钱的人才能体会到。虽然什么都不买，但是我们买得起。家里干干净净，钱包鼓鼓囊囊，心情无比愉悦。

我们挣钱不容易，但无论何时，我们都要努力把自己的生活过得津津有味。给大家几个建议：

第一，学会存钱。存钱不等于不花钱，不要因为存钱把自己变成廉价的人。要量入为出，适度存钱。

第二，学会拒绝。心善不等于没有主见，不等于任由他人"割韭菜"，遇到那些消耗你的人际关系，你要勇敢地拒绝、远离。

第三，接近高能量磁场的人，远离那些本身自卑感强又瞧不起别人的人。那些可以提高你能量的人是互相支持、互相赋能、互相进步的。

第四，活在当下。不纠结、不拧巴、不焦虑，今天就认真过好今天，明天交给明天就行了，多虑无意义，要专注自身。你会发现当你不断努力精进变强大的时候，你的生活会越来越好，财富也越来越靠近你。

第五，我们要把善良给予值得的人。不要有救世主的心态，对待不值得的人要保持距离，因为不同频的人只会浪费你的精力、你的时间以及你的能量。

过度存钱适得其反，用心存钱，用心生活

过度存钱，存的是一个廉价的人生。

有很多小伙伴跟着我一起存钱、攒金。但有一些人，越存越觉得生活无趣，越存越不知道自己活着到底是为了什么。

起初我也是一个非常爱买东西的人，最喜欢的事情就是买买买，

家里的快递成堆。退休之后，收入降了下来，再加上家里有老人生病，钱真的就不够用了。意识到了存钱的重要性后，我就开始学着降级消费、极简生活。

为了存钱，有的人把日常的消费全省掉了，有的人为了尽快存到一定数额的钱，甚至跟亲戚借钱，还有的人会想办法占别人的便宜。这样的存钱方法不可取，会让生活质量直线下降。时间久了，会失去生活的乐趣，这不是存钱的最终目的。

用心存钱，不是为存钱而存钱，不是为了苛求自己，而是为了戒掉那些烧钱的坏习惯，把钱慢慢地积攒起来，让自己的生活更好，让自己更幸福、更有底气，有更多的选择权，而不是让自己处于廉价的状态。

除了存钱，还有很多更值得我们去享受的事情，比如去追求自己的梦想。其实这种情况下，反而能存下更多的钱。学会平衡存钱和生活的质量，敢于去消费值得消费的东西，努力实现自己的梦想，存钱的同时提升自己，让自己变得值钱才会赚到更多的钱。

不要为了存钱而失去自己的生活。要知道，生命健康才能让存钱有意义，人的第一使命就是让自己幸福地活着。

你是否遇到过这样的情况：挣钱少，却花得既快速又慷慨，仿佛在手机上轻轻一点，就能满足无尽的欲望。物品源源不断地送到家门口，堆积如山。

退休之后，我就开始过低欲望的生活，这种生活方式给我带来了极大的满足感。我称我的生活为轻极简，我依然保持正常的饮食，不会极端到屋子里只有一张床垫。我注重的不光是物质上的极简，更是一种精神上的富足。这种富足来源于自己的感受和内心的平和，专注于自己的内心世界，而不被外界的喧嚣干扰。当你拥有平和而强大的内心时，一切都会变得特别美好。你的关注点在自己身上，不会被那些琐碎的事情困扰，这样才能真正过上舒适、健康的生活。

我每月都坚持存钱，并将每月的生活消费结余存入账户。除了固定的开支和生活必需品之外，即使发现缺少某样非必需品，我也尽量不购买，而是设法利用现有资源解决问题，实现每件物品的价值最大化。这样不仅存下了钱，还让我感到身心愉悦。同时，我还通过自己的创造力，将现有资源利用到极致。这就是我生活的体验，也是我的收获。

如果你也感兴趣，可以花一个月时间尝试一下。

存钱没有想象的那么难

普通人想翻身就一个字：存！存钱，存能力，存经验。存钱，不是让你抠抠搜搜地苛求自己，也不是让你勒紧裤腰带什么都不买。存钱，是为了在父母生病的时候能掏出来救他们的命，为了在你事业遇到挫折时有喘息的时间，为了在你颠沛流离的时候有一个固定的住所，更是为了在经济风口来临的时候你有资金支撑你去做想要做的事情。

存能力和存经验是息息相关的。普通人想翻身，必须先打工再创业。如果你现在既没钱又没有能力，也没有经验，一心想着暴富，借钱去创业，那就是给自己挖坑。一定要先去了解，去学习，坚持不懈，所有的这些才能自然而然地成为你的宝贵财富，谁也带不走，而且让你受益终身。

有些人常常半途而废，或者天天抱怨钱难赚，整天累死累活的，但他们到底在忙什么呢？他们在忙着刷视频，忙着打游戏。而另外一些人，利用零散时间学习知识，提升自己。这就是两种完全不同的生活态度，也会获得不同的人生结果。

很多人感到赚钱太难了。不付诸行动，确实是很难的。我想对现在的年轻人说："该努力的年纪，就认真努力挣点儿钱。别等到七老八十了，才觉得有钱真好，才后悔当初为什么没存钱，为什么不努力赚钱。花自己的钱才会心安理得，才能得到自己想要的，才能早日过上自己向往的生活，才能摆脱焦虑。"

我们要挖空心思，深耕自己，提升认知能力。我们的认知水平越高，就越有挣钱的机会。另外，我们要努力寻找挣钱的方法，不要整天抱怨。抱怨的最终结果往往是一事无成，你的存款不会越来越多。有人刷视频看直播坐吃山空，而有的人通过做新媒体、锻炼身体、攒钱，开启了自己真正积极向上的人生。

选择不同，方向不同，生活轨迹就不同，将来的人生也会不同。时间用在哪里，收获就在哪里。

想要挣更多的钱，就要放下面子。我们大多数人都太在乎别人对自己的看法。爱面子是件好事，意味着人有羞耻心，有上进心。但是为了面子，毁了里子，无疑是一件非常愚蠢的事。

太要面子，委屈的只是自己。把面子看得太重，做事情往往会畏畏缩缩，瞻前顾后，非常被动。比如做新媒体这件事，刚开始的时候，我是拒绝真人出镜的。怕别人看到我，更担心以前的同事刷到我，也担心家人尴尬。后来这些事情确实都发生了，但我提前做了心理建设，它们对我来说就变得无关紧要了。

　　这个世界上最不缺的就是面子。有本事的人，都不在乎面子；没本事的人，死要面子。要面子的人，最后往往没面子。所以我们要放下自己的面子，尤其是我们这些走在挣钱路上的人，或者家里经济紧张，没有太多收入的人，更需要放下自己的面子。

　　很多人在为面子买单。这种虚荣就像肥皂泡一样，长久不了。让自己的内心充实，才是真正有面子的事。当你可以放下面子赚钱的时候，说明你已经成长了。

　　成年人的安全感是兜里有钱，有班可上。不是工作需要我们，而是我们需要工作。赚钱很辛苦，没钱更辛苦。当你没有稳定的收入，没有存款，当你遇到急事的时候，当你的孩子需要交各种各样的费用的时候，当你的父母需要做手术你却拿不出钱的时候，当你四处借钱却借不到的时候，你就会明白存钱是一件多么重要的事。珍惜当下，珍惜眼前的工作，普通人就过普通人的生活，踏踏实实工作，踏踏实实生活，踏踏实实攒钱。

悄悄存钱，稳稳变富

变穷的 5 个习惯

第一，眼高手低。频繁地跳槽，没有稳定的收入来源，往往看老板不顺眼，跟同事也处不来，还没找到新工作的时候就辞职了，主打一个随心所欲。由着自己的性子，不开心不满意就辞职，职业生涯没有连续性。记住，你是去挣钱的，不是去斗气的，把钱挣在兜里头了，积攒了工作经验，才是最重要的。

第二，穷大方。花钱大手大脚，大钱不攒，小钱乱花，压根就没有存钱的意识，月底借钱消费已经成为习惯。你要知道，哪怕每月就存 1000 元，一年也有 1.2 万元，这不光是底气，有可能还是你救命的钱。

第三，对自己的钱从来不规划，也不打理。很多人觉得，没钱攒什么钱，等有了钱再打理吧，这就好比洪水来了再去学游泳一样，那时候就晚了。所以说，无论我们手里的钱是多还是少，都应该用心地去规划。

第四，打肿脸充胖子。看到别人背着昂贵的包，自己也非要不可。要知道这个包并不能提升你的身份，反而会加大你的财务负担。

第五，不爱惜自己的身体。精神状态非常好的人，真的自带光芒，财富水平也低不到哪儿去。而那些成天熬夜刷剧、打游戏、喝酒的人，一眼就能看出来精神状态特别颓废，哪有心思去挣钱。

和家人一起存钱

有朋友跟我说："我一个人存钱感觉真没用。我家里人花钱无度，总是网购。"怎么经营家庭，让家人齐心协力一起攒钱？

第一，双方要相互提供情绪价值。不能单方面索取，而要相互扶持，相互给予，这样才能使家庭生活越来越好。你们会不会经常因为一些鸡毛蒜皮的小事影响家庭生活呢？一旦有了矛盾怎么办？你一定不要把输赢放在第一位，而是要重视你们的关系，重视情绪价值的相互补给。

第二，不要企图改变对方。因为两人从小的生活环境不同，受的教育不同，生活状态和习惯也不一样。不要试图去改变对方，因为你永远改变不了他 / 她。你只能在你的能力范围内，尽量去适应。

第三，一定要相信对方，给对方足够的个人空间。不要没事就翻看对方的手机，无端臆想出一个第三者，天天像拿着鞭子一样抽打对方。这些都是经营家庭生活的一些细节。如果你不注意，双方之间就会积累更多的问题。

第四，一定要放大对方的优点，把他的缺点缩到最小。你越放大对方的优点，他 / 她就会越幸福，对你越好，家庭就会越和睦，生活就会越来越好。

攒钱的小伙伴们，一定要拉上家庭成员一起攒钱，这样才能使存款越来越多，家庭生活越来越好。

不要羡慕别人，你自己就是宇宙

让你消费的人比比皆是，但让你存钱的人却寥寥无几，让你低调存钱的人更少之又少。

　　所有存钱的小伙伴都要学会低调存钱，高调做事，这才是你们积累财富的开始。做人要低调，不要炫耀自己有多少钱。一定要学会悄悄地存钱，自己偷偷地乐，不需要全天下人都知道这件事情。你只需要明白，存钱是为了让自己和家人过得更好，有更多的选择。

　　快乐分享错了，就成了显摆；感慨分享错了，就成了矫情；难过分享错了，就成了笑话。无论何时何地，我们都要心态平和。高调做事，低调攒钱，才能兜得住自己的幸福，才能存下更多的钱。幸福是养自己的心，不是养别人的眼。

　　我的人生乐趣不在于我花了多少钱，而在于我为将来积累了多少可能性。我从不羡慕那些看似过得比我好的人，因为每个人都有自己的生活轨道。从刚毕业时的每月赚几百元，到后来当上财务主管月薪过万，我都不乱花钱。反倒是临近退休时，家里老人去世，情绪上一时半会儿缓不过来，忽然觉得自己要对得起自己，要对自己好点，就开始乱花钱，买了一堆乱七八糟的东西。到后来幡然醒悟，开始践行断舍离、轻极简生活，这个过程其实很艰难，却是我宝贵的人生经历，走过的所有的路都值得。

　　我不会羡慕他人的成功，那是他们牺牲了安逸换来的；也不羡慕他人的才华，那是他们付出了不知道多少努力得到的；更不会羡慕他人的成熟，那是他们经历了很多挫折换来的。

对于别人拥有的美好的事物，可以赞叹，不用羡慕，更不能嫉妒，因为那都是别人付出代价得到的。当下，要做的不是纠结、拧巴，而是要关注今天的你是不是比昨天好，今年的你是不是比去年好，你的生活距离自己想要的是不是越来越近。不要羡慕别人的天空，因为你自己就是宇宙。

用正向思维转化那些不好的经历

手里没钱，一旦身体出现问题，只能听天由命。没钱，连生病的资格都没有。从现在开始，不管你的收入有多少，一定要开始存钱，养成存钱的好习惯，存钱才是抵御人生中各种风险的最坚强后盾。

存钱人除了每天要锻炼身体，还要戒掉生活中的坏习惯，抽烟、喝酒、熬夜，一时的快乐，换来的就是身体的报复，最终就会导致不可逆的病变。

有基础病的人，也别不当回事，一定要控制好血压、血糖。纵容自己，是以消耗生命为代价的。

真的生病了也不要着急，可以休养一阵，顺便认真给自己的未来做规划。每个存钱人都要学会用正向思维来看待那些不好的事情。现在的负债也会成为你逆袭翻盘的动力。要学会把负面情绪转变成利于自己、利于家庭的正面情绪。

微信里至少有 80% 的人都不是经常联系的；衣柜里有 70% 的衣服是都不常穿的；人这辈子赚的钱，70% 也不是给自己花的，不要太在意这些，你守好自己的 30% 就好，你失去的最终会在其他地方补偿回来。一定要转换自己的思路，你才能每天高高兴兴地上班，高高兴兴地存钱。相信自己一定会慢慢变富有。

悄悄存钱，稳稳变富

焦虑存不下钱的人，记住 4 句话

很多人为了生活，为了孩子，每天都在焦虑中度过，送你 4 句话，理解透了就能缓解焦虑：

1.事来顺迎。事情来了就直接面对，行动起来去找解决问题的方法。躺在那里胡思乱想没有意义。

2.未来不迎。对于还没有发生的事情，就不要去多想，杞人忧天内耗的是自己。

3.当时不杂。专注于当下，把眼前要做的事情按轻重缓急排序，一件一件来做，总能做完的。

4.既往不恋。已经过去的事情，就别再翻来覆去地想，复盘总结经验教训就是了，不要与它们纠缠。

过度焦虑会让自己总是处于一种低频状态，世界上没有一份工作不辛苦，人生也不会一直顺风顺水。这世界永远不变的就是一直在变，无论你当下经历了什么，都要调整好心态，焦虑会让自己本来就艰难的生活雪上加霜。

形势不好时，不可轻易触碰的事

第一，不要轻易加盟。80%的加盟项目的目的都是收割那些空有一腔热血的普通人，收割的往往是穷人的救命钱，割不到那些有经验的成熟创业者。骗子很可恨，加盟者很可怜，如果你没有任何创业经验，千万别拿你的身家性命去赌。其实大部分人是不具备创业基础的，那些不经过筛选，谁的钱都敢收的加盟机构，多是割韭菜的。

第二，普通人不要投资认知以外的东西。比如自己不了解的股票、基金以及其他高息理财产品。有的人负债了，想一夜逆袭翻盘，就听一些"专家"忽悠。"专家"要是自己能赚到钱，就不会有时间和精力帮你赚钱。另外，爆雷的理财项目很多，不少中产一夜返贫。我们普通人，有点钱就踏实地存起来，至少你需要用钱时，不用四处去借，守住老本最重要。

第三，不要透支消费。借的钱都是透支你未来生活的钱，不要被短暂的虚荣生活所欺骗，影响了自己的判断力。世上没有免费的午餐，更没有不劳而获的钱。一旦有这种依赖心理，你借贷的钱就会越来越多，直到自己还不上彻底崩溃，不只害了自己，还害了身边的人。我们普通人不要为了日常消费而去过度借贷，有多少钱就过多少钱的生活。

第四，不要轻易辞职。找工作难，找挣钱多又顺心的工作难上加难，要保住饭碗，保住稳定的现金收入。

第五，从小钱开始省起。自己带饭，省钱又健康。去逛免费的博物馆、画展、公园，这些地方都不用花钱，却都可以陶冶性情。

第六，不要眼高手低，看不起小额收入。3年前我刚做团购时，也被人拉黑过。挣钱不丢人，没钱才可怜。不要看不起任何人，因为别人付出多少努力你不知道。也不要怕别人看不起自己，就算全世界都不看好你，你也要坚信，你是世界上独一无二的最好的自己。

悄悄存钱，稳稳变富

我的不消费月

最近两年，我把7月和12月定为我的不消费月和自我消费反思月。注意，我说的是除了正常吃喝以外，其他的钱一律不花。这个习惯就像定期进行轻断食一样，让我积累了更多的财富。经过这个实践之后，我受益匪浅。我总结了一些心得体会：

第一，节省出了大量的时间。不消费月减少了我打开购物软件挑选比较的时间。人的精力是有限的，你在这方面用多了，别的地方自然就少了。不网购，自然就拥有了更多的时间，收获了更多的存单；不消费，钱自然就攒下来了。

第二，控制消费也是存钱。有小孩的家长也要注意，不要让小孩子养成随意花钱的习惯。规划与孩子相关的较大开销，比如保险费、补课费等，分摊到每个月，把这笔钱提前存起来，这样才能控制好自己的开支。

第三，发展了更多的爱好。在不消费月，我有了更多时间投入我的爱好。比如2024年7月，我报了非洲鼓的课程，我可以集中精力用这一个月的时间掌握几个基本手法。

第四，积累了更多的生活经验。我会不自觉地把想要买什么转变成已经拥有什么，会盘点家里的物品，我习惯了惜物、爱物，发挥现有物品的最大利用价值。其实生活不是你拥有的物品越多越好，而是越简单越好。

越物尽其用，就越快乐，越轻松自在。

第五，掌握了更多花钱的技巧。在不消费月，我有更多的时间去复盘，看哪些是必须优先考虑支出的，哪些是冲动消费，哪些可以延迟满足。我更加关注自己的真实需求，会对自己不需要的物品果断地做一次断舍离，让自己花钱更有目的性。

第六，成了更好的自己。在不消费月，我会盘点上半年做了哪些帮助人的事，做好下半年的规划，也会静下来写一些东西，让自己在这个月里更加精进。

这可比买东西更让我有满足感，内心也更富足。

能存下钱的 3 个无痛花钱法

在还没有能力或没有机会赚太多钱的时候，至少要把自己挣的血汗钱保住，把钱用对地方，把每一分钱花到极致。

我以前也是花钱大户，没有计划地乱花钱，开始践行极简生活后，我用了 3 个办法，存款就噌噌地往上涨了。

第一就是每日打钩法，感觉这是对我来说最行之有效的方法。一个月 30 天，把每月的开销平均到每天，花完了就打一个对钩。我把吃喝的费用放到零钱通，日用消费放到支付宝，这样容易区分记账。比如说我每月日用花销 1500 元，平均摊到每天就是 50 元，那么我就在 50 元之内计划着花。如果有结余，第二天可以多花一点，这样你才能有效地按照每月的规划控制费用。

第二就是在不买东西的时候，把所有的购物软件全都卸载掉。以前我很大一部分时间都花在 3 件事上：下单，拆快递，退快递。后来我把所有的购物软件都卸载了，开始控制自己的花销。家里需要什么东西就拉一个清单，列清单的过程也是筛选的过程，你会发现很多东西也并非那么需要。攒一段时间下载一次购物软件，对照着这个清单，一个一个买，不去考虑满减，不去考虑其他的打折物品。买完就退出软件，等快递都到了，验收没问题了，就把软件卸载掉。

另外，下单的时候，要站着买，坐着和躺着过于舒服了，遇上打折的东西，反复衡量比较，就容易没完没了。

第三就是惜物，一物多用，能不买的就不买，能用替代的，就

126

用替代的。不要因为自己有了新的爱好，就置办一大堆的装备。坚持下来了当然好，如果没坚持下来，购买的装备闲置又占地方，扔的时候还觉得可惜。

未雨绸缪，才能抵御生活中出现的各种风险，才能主导自己的人生，生活才有底气，才有尊严。

加油，存钱人！

悄悄存钱，稳稳变富

我的惜物消费观

退休后，我的消费就降级了，主要是因为收入减少了。消费降级后，我的生活反倒越来越充实了。

退休之后，我学习了"惜物"的消费观，这渐渐地成了我生活中的一种习惯。

第一，我的衣柜不再拥挤。我不再购买过多的衣物。无论是出行还是锻炼，我都只穿几件可以简单搭配的衣服，我并没有觉得丢脸或不自在，反而自信满满，从心里认为自己穿什么都好看。物品够用就好，过多的物品只会成为负担，占用空间和精力。

第二，购物时应注重质量。虽然我们在生活上非常节俭，但绝不能买那些便宜但质量差的商品。不贪图便宜，只买必要的，不浪费一分钱。

第三，用低成本甚至零成本的方式养生。我每天早上5点多就出门练太极拳。女儿觉得我比退休前更加阳光，穿着也更简单时尚。

第四，我们家的所有物品都要尽可能地实现使用价值最大化，能修就修，能补就补，尽量延长使用寿命。这样，我们就能省下更多的钱，存下更多的资金。

第五，要敢于为自己投资。比如学习简单生活等，这些不需要花钱。但像学习营养知识、形体培训等，是需要花钱的，不过这些投资是值得的。你的技能越多，你的选择就越多，挣钱的机会就越多，未来的生活也会更好。

我希望所有存钱人，都能过上简单、快乐、充实的生活。生活是否舒心，不在于你拥有多少物品，而在于生活环境是否简单、干净。很多时候我们感到疲惫，是

因为我们被太多物品束缚。生活越简单，人越容易感到快乐。希望你们的生活都能越来越好，越来越轻松。

3个"极简"：用最少的钱活得更好

在我开始轻极简生活之后，实现了用更少的钱过更惬意的生活。我不再关注物质，而是关注自身，把时间和精力放在自己身上，做更有益身心健康的事情。

你有没有在买东西的时候，总是劝慰自己："遇到喜欢的就买，人生苦短，何必苛求自己，买就买了，钱只是换了一种方式，它还在我身边。"但是你没意识到，当你真的遇上事儿的时候，那些挂着吊牌的衣服，那些摆放在鞋柜里的高档鞋，并不能帮你解决任何问题。

所以我们买东西的时候，一定要理性消费，买之前先问问自己："这东西买回去真的会喜欢吗？真的会一直用吗？"如果不喜欢，就只图便宜买回来，或者就是一时冲动，买回来没有用，你觉得划算吗？

作为普通人，我们每天辛苦地工作，挣微薄的工资。退休后，收入锐减。如果没有计划地花钱，被消费主义洗脑了，那我们将来的生活会变得拮据。

生活节俭不等于抠门，我们该花的花，该买的买，但要把钱用在刀刃上。节俭不是抠门，更不是极端。当然，有些钱还是值得花的，比如能节约时间、提高效率的工具，它们可以帮助我们节省体力，把更多的时间用在自己身上。这样退休后的生活，会特别轻松，存款也会越来越多。一边享受生活，一边源源不断地存下更多的钱，为今后的生活提供更多的保障和安全感，一举多得。

对于网上那些宣称动辄年入百万的人，也要反思高收入能维持多久。我们普通人大多数是月薪几千，一定要把自己的钱规划好，把自己的生活规划好，这样我们才会活得越来越健康，活得越来越高兴，生活质量也会越来越高。

存钱不是抠抠搜搜什么都不能买，而是放弃那些不必要的花销。消费降级并没有让我的生活降级，反而给我带来了特别多的好处。降低了一些不需要的支出，让自己过得特别简单后，人际关系没那么复杂了，烦恼也少了，简直太舒服了。下面3个"极简"让我用最少的钱活得更好。

第一，社交极简。退休后，我不仅删除了工作群，还删除了一些不想联系的人，精简了我的通讯录。当然，人是离不开社交的。但是余生有限，你要放弃无用社交，把余生的精力投入更有意义的事情上去。

我现在参加了很多社团活动，因为现在有时间丰富自己了。只有你足够优秀的时候，才能得到有用的社交。要和同频的人沟通，相互赋予能量。所以我更愿意留一些时间和一些同频的人建立联系。

第二，物质极简。人其实不需要太多的东西。当你占有和支配物质的同时，也被物质占有和支配。物质极简并不是说降低生活质量，而是要找到一个最适合自己的生活方式。节俭并不意味着不消费，而是只买必需的，有计划地购买。

幸福意味着拥有自由和选择。过多的自由和选择，并不能够带来更大的幸福。所以我们要低物欲，过自己舒适的、简单的生活，为自己的人生留下空间。

第三，情绪极简。当你情绪稳定的时候，心态平和，静水流深滋养万物。当你情绪不稳定的时候，惊涛骇浪吞没一切。随时都要爆炸、随时都要发脾气的状态，伤害的恰恰是自己。当感觉到自己情绪要爆发的时候，首先要内观自省，向内求。学习各种知识技能，充实自己。把自己打造成一个值钱的人，财富才有可能靠近你。

做到这3个"极简"后，我并不会因为消费减少而感到烦恼，而是感到更加充实、富足、健康、快乐。

存钱人要养成的 3 个生活习惯

想要赚更多钱、攒更多钱的人，一定要养成 3 个好的生活习惯。

第一，要有赚钱、攒钱的意识。在心理学上有个名词叫"吸引力法则"，意思是你想要什么，你就会吸引什么；你相信什么，就会吸引什么；你是什么样的人，就会吸引什么样的人。所以，我们的头脑里一定要有赚钱、攒钱的意识，它会贯穿到你的思想和意志里，会加持到你的行动上，使你在赚钱和攒钱的路上更加顺利。

第二，要把自己的家整理得干干净净，自己经常待的办公区域也要整理得井井有条。生活环境不要脏乱差。退休之后，我实践了断舍离，把两三年不穿的衣服、不用的包都进行了清理。因为你要知道，你占有它们的同时，它们也在占用你。没用的物品多了，不仅空间杂乱，心情也会跟着杂乱。所以要把你家收拾得干干净净，利利落落。还有你的办公区域——你每天待的时间最长的地方。这些地方的能量磁场对你有很大的影响。看一下，桌上是不是有很多杂乱的东西在那儿放着？要定期断舍离。保护好自己的生活环境，就是保护好我们的能量磁场，也是能帮我们赚钱的一个好习惯。

第三，一定要养成良好的生活习惯。良好的作息时间和良好的生活习惯，能够使我们的身体正能量满满。首先，早睡早起，不要熬夜。我们每天要坚持泡脚，泡脚的过程中可以闭目养神。还有一些零成本的养生方法，比如肝经拍打、站桩，还有练太极、冥想等。

我们要穿干净的衣服，还要学会真诚地、发自内心地去赞美别人。在生活中，我们一定要多帮助别人。帮助别人的同时，自己的内心也会更丰盈，这可以转变自己的能量磁场。

以上3个习惯，都是非常简单、容易做到的。如果你能把它们贯彻到你的生活中，你会发现，你的状态会越来越好，存钱和攒钱的能力自然也就越来越强。

第四章

稳稳的自己

提升认知，让自己变得更值钱

我们都是普通的存钱人，唯有靠自己

其实我们就是打工挣点儿钱的普通人，很多事情不要太在意，也没有人会关注你在意不在意。上班时我们就好好地挣钱，下班后我们就好好地过日子，不必活在别人的评价里。

大多数人在自己熬不住的时候，就想找一个靠山，抓住一根救命稻草。可是有的山上长满了荆棘，没有一根稻草能救你的命。到最后你会发现，其实你自己才是那座山，自己才能救自己。所以人这一生，与其求人不如求己，只有自己才能成全自己。

普通人在没有他人加持的情况下，自己的认知就尤为重要，它能决定你财富的上限，所以存钱人做好以下几点：

第一，投资自己的大脑。只有增加知识储备，才有可能接得住赚钱的机会。多看书，哪怕每天少刷半个小时的手机。去看书，你会发现读书不仅能提升认知，还能改变你的生活状态。

第二，学会取舍。比如，要舍掉不适合自己的人，他提供不了情绪价值，给不了经济支持，给不了正能量的陪伴，远离才是明智之举。

第三，守住自己的财富。学会管理自己的钱，不仅要学会存钱，还要学会花钱。存钱，不是抠门，而是为了把钱花在真正急用、真正重要的事情上。存钱会让我们拥有更优质的生活。

第四，爱惜自己。除了生死，其他都是小事。有烦恼的时候，要学会转移注意力，不要让它们积累成抑郁症、结节，甚至是肿瘤。

第五，量力而行。去帮助你认为值得帮助的人。你会发现财富越来越靠近你，不仅是生活上的富足，还有精神上的富足。

其实，你的每一分努力都在为内心的安全感打基础，恰恰是有了这种自己给的安全感，你才不怕被他人拒绝，才不担心靠山离你而去，才不怕失去那根救命稻草。每个人都有自己的命运轨道，这个世界上没有不带伤的人，无论什么时候你都要相信，真正能治愈你的，只有你自己。

人生逆袭，做好 5 件事

如何快速地改变自己，快速逆袭？做好以下 5 点，你的生活会发生全新的转变。

第一，不要拖延。闹钟响立刻起床，想做什么立刻去行动。任何决定，如果没在 24 小时之内落实执行，就会慢慢被遗忘、拖延，解决不了任何问题。如果你觉得自己存不下钱，就从每天 1 元、2 元开始养成这种攒钱的习惯，它会给你的生活带来很多好处。不仅要行动起来，更要坚持去练习。不用多长时间，就会有个翻天覆地的变化。

第二，去模仿你想要成为的人。快速成长的方式就是模仿优秀的人。你要学习他的思维方式，复制他的习惯，时时刻刻提醒自己，提升自己的能力，把他的习惯慢慢地变成自己的习惯。

第三，保持你自己的专注力。比如存钱这件事情，有些人说你抠门，你不要在意，你要保持专注力在自己身上，在自己想要做的这件事情上。

第四，学会复盘。如果你这个月只存了 500 元，就要复盘哪些是该花的，哪些是不该花的，这个环节是相当重要的，没有这个环节你就不会进步，就找不出问题在哪里。

第五点非常关键，就是坚持。任何事情都不是一蹴而就的，你想要在不到 3 个月的时间里实现一个终极目标，那你必须有坚持的态度，有坚持的信念。你要知道，水滴石穿不光是水的力量，更多的是坚持的力量。

越想赚钱，越要注重外在形象

人即使身处逆境，负债累累，也要努力让自己表现得精神饱满。你要知道，你的样子就是你生活的写照，积极的行为会激发积极的情绪。

第一，言即肉身。你说的每一句话都会影响到你的整个状态。如果总将"累死了""穷死了"挂在嘴边，或者总是唉声叹气地说丧气话，你就会处于低能量状态。你自然会对工作、生活提不起兴趣来，也会影响到你周围的人或事。这就是一种很消极的心理暗示，时间长了，就会表现在你的外在状态上。

　　这种暗示会变成一种潜意识，让你相信你的生活就是不如意的。而这种认知，会让你的生活朝一些不好的方向转变。永远不要自我贬低，因为这是一种严重的破窗效应，你越说自己什么，别人就越怎么看待你，你就会越来越像你口中那个人。

　　如果你想要改变这种消极的运势，就一定要管住自己的嘴。不管是你说自己的话，还是你评论别人的话，对外释放的每一句言语，无论是好还是坏，是积极还是消极，都会传递到生活中的每一个细节里。虽然肉眼看不到，但你的言行就像磁场一样，会吸引跟你同频率的人或者事情来接近你。

　　第二，注意自己的形象。无论是在外工作还是在家休息，首先要保证周围的环境干净整洁，其次是穿着要得体，不张扬，也不邋遢。还有些细节，比如抖腿、吧唧嘴，这些影响你形象的习惯也要改掉。

　　第三，不抱怨、不啰唆。无论是买东西还是与人相处，不要反复地计较、解释、证明，甚至是去批评，这些行为都会消耗自己的能量。做自媒体以来我看到过很多特别过分的评论，大家都是普通人，都会有情绪，但有些人是不可理喻的，学会屏蔽和过滤就好了。

　　年轻时遇到不如意的事情，我会责怪他人，但现在我会积极地面对。因为你生命中所得到的一切，不管你认为是好的还是不好的，都是被你自己吸引来的。

第四，不内耗。内耗就是用别人错误的行为惩罚自己，所以没有为什么，只有怎么办。愁眉苦脸的后果，就是耗尽自己的精气。

第五，要和有趣的人在一起，这样你才能感到快乐，感到幸福。和那些正能量的人在一起，你每天都是积极向上的，没有负面情绪，没有负面状态，你可以让自己活成一束光。

生活中，一定要和跟你同频的人在一起，相互鼓励、相互扶持、相互帮助、相互赋能，这样你的生活才会更加丰富多彩。

任何时候提高自己，都是一项最值得的投资。人生的下半场，拼的是健康和心态。

加油，存钱人！

存钱人要保住工作，3 个不考虑

其实保住工作这件事情，说起来容易，做起来确实有点难。工作场合就像一个小社会，形形色色的人都会遇到。你要知道，凡是挣钱的事都没有容易的。我从机关单位到私企摸爬滚打这么多年，总结出来一个道理：无论是在生活中还是在工作中，做到 3 个不考虑，你就会过得很舒心，在工作单位也能顺顺利利地继续待下去。

不考虑别人的节奏。每个人都有自己的人生路，不必羡慕别人的成就，也不必谴责自己的无能。换句话说，就是你踏踏实实地一步一个脚印，该干什么就干什么。

不考虑别人的不合理需求。要关注自己的内心想法，学会拒绝，不要因为交情勉强去做，也不要抹不开面子勉强去做。

不考虑别人的议论。有些话要学会过滤，学会给自己的情绪调频，多照顾一下自己的内心。内核稳，才能磁场强大，才能帮助别人。

人这一辈子会遇到各种各样的人，有人羡慕你，有人瞧不起你，有人误会你，还有人敬重你，这些都是我们所有人必然经历和必须接受的。

存钱人要明白 3 个财富思维

第一，复利思维。这里介绍 8 个复利思维，见表 10。

表 10　8 个复利思维

复利思维	坚持做	一年后的结果
健康复利	每天坚持锻炼身体	超过同龄人的健康水平
时间复利	每天早起 30 分钟，背诗或者读英语，或者坚持学习一项技能	掌握更多技能，副业赚钱
习惯复利	坚持良好的生活习惯，比如清洁卫生、按时吃饭	远离疾病，精力充足
成长复利	从每次失败中总结经验教训	顺利处理人生中反复遇到的各种难题
存款复利	12 存单法，36 存单法，365 天爱心存钱法等	复利计息，灵活取用
认知复利	每周学习并掌握一个思维模式	提高认知，获取财富
思维复利	每天尝试反驳自己的一个观点	培养多维度思考能力，赢得更多的机会
财富复利	学习各种金融知识，掌握财富密码	为未来获得更多的财富打下基础

第二，排序思维。

顺序：先摸底，再梳理，后管理。

　　人们总说，你不理财，财不理你。理财不等于百分之百的盈利，理财不是买基金、买股票，更不能是一种冒险行为，归根结底，是科学地管理自己的财富。

　　先摸底：掂量下你到底能可持续地赚多少钱，再看看自己到底有多大的风险承受能力，人是赚不到认知以外的钱的，投资前一定给自己做个评估，不能盲目投资。

　　再梳理：我们可以通过列表格，对自己现有的财务进行梳理，通过家庭收支表（见表11）、负债表（见P97）、消费支出表（见表12）了解自己的财务状况。

表 11　家庭收支表

序号	收入项目	收入金额	收入渠道	收入日期	支出项目	支出金额	支出渠道	支出日期
1	工资一		银行卡		通信费			
2	工资二		银行卡		水费			
3	奖金一		银行卡		电费			
4	奖金二		银行卡		燃气费			
5	理财收入		支付宝		伙食费			
6	利息红包		支付宝		家教费			
7	红包		微信		物业费			
8					买衣服			
9					外出就餐			
10					油费			
11					买化妆品			
12					娱乐费			
					其他			
2024 年 1 月	收入总计				支出总计			
	月结余							

表12　消费支出表

支出分类	支出项目	金额
消费支出：衣	衣服鞋帽	
	洗衣费	
	理发、化妆品	
消费支出：食	日常伙食	
	饮料	
	烟酒	
	外出用餐	
	水果	
消费支出：住	房租	
	水费	
	电费	
	燃气费	
	通信费	
	日用品	
消费支出：行	油费	
	公交费	
	打车费	
	停车费	
	车辆保养费	
	洗车费	
消费支出：教育	家教费	
	补习费	
	书本费	
	杂费	
消费支出：娱乐	电影	
	公园门票	
	玩具	
	人情往来	
其他		

后管理：在做好前两项的前提下，根据自己的实际情况，进行投资分配。

第三，不懂不碰思维。投资的一个重要原则是不懂不买。投资时跟风追热点很常见，这也是亏钱的重要因素之一。因为赚钱需要合理配置和提前布局，而不是靠冲动。

越存不下钱，越要向内求

我们都是普通人，总会遇到形形色色的事情，谁的生活都不是一帆风顺的。你只需要向内求，关注你自己，思考自己怎样才能攒下钱。

当你开始向内求的时候，你的心态就会变得平和。因为你会意识到：我和别人不一样，不能和别人比较，我就是我自己。意识到了自己生活中的不足，就要向别人学习，而不是去纠结、去怨恨、去恼怒。从自己内心出发，让自己变得更好，向那些更吸引财富的人靠近。更吸引财富的人会给我们带来正向影响，自己也会越来越好。

人们往往只看到他人外表的光鲜，看不到他人的辛苦。你要明白，外在只是表象，我们对表象怎么解读，才是问题的根本。如果我们对外在事情的解读是积极向上的，那么我们就一定能存下钱。如果我们的解读是焦虑、懊恼、悔恨，这些不良的情绪就会对身体产生极其负面的影响。

一旦你明白了这个道理，就不用再纠结。存钱并不难，千万不要给自己找借口。不要说利息降低了，或者自己没有钱，要转变思维，相信自己一定能存下钱。哪怕这个月先存一两百元，只要养成了习惯，就会发现那串长长的数字并不是遥不可及，它会成为你前进的动力。

悄悄存钱，稳稳变富

自卑的人想存钱，要远离 3 种人

存不下钱的时候，人往往会产生一种自卑感，感觉自己挣不到钱，感觉自己处处不如别人，怕别人瞧不起自己。在你自己没有能力控制情绪和状态的时候，你一定要远离 3 种人。

第一种，能量非常低的人。你要明白，一个能量比你还低的人，他说的话和他的行为，会带着很浓的个人色彩以及负面情绪。所以，存钱的小伙伴心里一定要有个定海神针，得有自己的判断力、思考力，有明确的目标，尽量靠近那些高能量、能成事的人。

第二种，爱传播负面情绪的人。那些爱抱怨，有攻击性，容易让你情绪波动的人，当你遇到的时候，即使你脾气再好，他也会把你人性中阴暗的一面激发出来。如果我们在生活中遇到这种人，应该把他们屏蔽在我们的生活之外。

第三种，长期打压你的人。这种人内心无论是否看得起你，他在语言上都一定要压你一头。他以贬低你来满足自己，从来不会肯定你所做的事情。长期处于这种人的影响下，你的自卑感就会加重，不仅如此，你还会产生其他不良情绪，你的状态自然会变得越来越差。

远离这3种人之后，你的人生就会跟开挂了一样。工作顺了，生活好了，钱自然也就越存越多。

存钱人的 6 个情绪自救清单

人越是没钱，越容易产生无助、焦虑、烦躁的情绪，此时是很难静下心来思考和做事的，更别提攒钱和规划自己今后的生活了。有些郁闷情绪，只能自己排解。

我退休后选择消费降级这件事，身边的大多数人是赞同的，也有个别人是嘲讽的。

如果一个人的幸福感是由别人来评定的，那还能活得好吗？你无法让每一个人都称赞你。假如有人今天心情不好，对你说话不客气，你往心里去了，那你就会长时间陷入负面情绪。

我们要修炼自己。当有一天，你不会被别人的话左右和影响的时候，那你的幸福感和快乐，就是由你自己来决定的。无论我们身处何处，处于什么状态，都要有一颗强大的心。无论别人怎样评价你，你都无法改变他。尤其做自媒体，一定要能过得了负面评论这个坎。没有这个心理准备，就不要自讨苦吃了。

我将要分享的几种方法，都是我实践过的，而且已经成为我生命中百分之百有效的情绪自救清单。

第一，最简单的方法，去收拾屋子，清理衣柜，对家里的物品进行大幅的断舍离。看着干净整洁的屋子，心情会得到改善。其实，你整理的不仅是衣服、屋子，还有自己的心绪。

第二，当你脑海里有很多烦乱思绪的时候，不要去找任何人倾诉。找一个无人的安静处，铺一张白纸，把你所有胡思乱想的东西都写在这张白纸上。你会发现，写的过程，就是理清思绪的过程。这是我多年来习惯用的一种方法，无论是遇到困难还是瓶颈，我都会写下来。写出来之后，心里往往就会有新的答案。

第三，有一些传统的方法，比如练习八段锦、易筋经等，可以提升我们自身的阳气。动则生阳，聚集阳气最好的方法就是运动。当然，你可以选择自己喜欢的运动，如跑步、游泳等，只要动起来，就能改变你的情绪状态。

第四，你可以练习冥想，通过呼吸练习排除不好的情绪。仅仅是深呼吸3分钟，就能改变你的情绪状态。冥想的方法是零成本的，而且能长久舒缓你的情绪。

第五，越是情绪不好的时候，越不要大吃大喝。这个时候，我们更需要静下心来，规律饮食，吃清淡一点的食物。我们往往会忽视，饮食也是一种情绪的输入。

第六，给自己一个情绪的出口。可以出去散步、旅行，不要一个人评判自己的情绪，不要无视或否定自己的情绪。当你感到周围的一切都在压迫你的时候，你必须找一个出口去缓解、去发泄。你可以号啕大哭，也可以找个地方大吼，但千万不要把坏情绪转嫁到亲人身上。要培养自己调节情绪的能力。

每个人都会有情绪不稳定的时候，每个人在生活当中都会有各种各样不同的境遇，但一定不能让自己深陷情绪中不能自拔。我们不可能成为一个完美的人，但我们可以成为一个勇敢的人。

捂住自己的钱包，越没钱越要提升反诈意识

最近，我的一位朋友因为刷单被骗走了8000多元，这事让他感到非常郁闷。尽管他在各种媒体上看到过关于刷单诈骗的警示，但还是上当了。这位朋友的收入并不高，急于赚钱的心态让他贪图小便宜，结果吃了大亏。

这世界上虽然有侥幸的事，但是我们不能抱有侥幸的心理。

前几天，我莫名其妙地收到一个快递，里面是一个车坐垫，但是我跟家里人都没有买过坐垫。快递包裹里还有个信封，里面有张

券上写的是"店庆活动抽取 10 万元大奖"。后来我刷到了一则新闻：有人也是收到类似东西，扫了这个券上的二维码，一番操作后，手机银行里的钱就被转走了。

这种骗术，骗那些喜欢占小便宜的人是屡试不爽。

还有的人会对自己的亲朋好友下手，以投资理财的名义行骗。凡是说收益率超过 5% 的，你都要谨慎。说带你赚钱的人，多是为了赚你的钱。心存侥幸的人，总是为自己占了一点儿便宜而窃喜，殊不知他的积蓄可能正面临各种威险。

希望大家都能增强自我保护意识，脚踏实地地攒钱，保养身体，过好自己的生活。

下面是几点防范建议：

1. 尽量不接陌生人的电话，尤其是以"0"开头的网络电话。一旦接听，诈骗者可能会通过电话逐步引导你步入陷阱。

2. 任何电话指导你转账的情况都要警惕。诈骗分子的手段越来越高明，他们可能会使用变声或换脸技术，让人难以分辨真假。特别是老年人，不要轻易相信电话那头的紧急情况，一定要见到本人再做决定。

3. 不要轻易添加陌生人的微信，也不要随意加入不熟悉的群，这些都是潜在的诈骗陷阱。

4. 不要向陌生人透露过多个人信息，避免不必要的风险。

5. 不要轻易向陌生人提供电话号码，不要为他人担保，不要让他人使用你的手机。

6. 在银行办理业务时，务必看清楚文件内容，确认无误后再签字。

7. 关闭手机 App 的借贷功能，避免陷入过度消费和借贷的恶性循环。

8. 合理使用信用卡，不要被小礼品或免息期诱惑。

9. 设置手机转账限额，尤其是老年人，这样可以在转账时有更多的思考时间。

10. 必要的转账，金额比较大时，要告知家人，并要反复确认收款人信息。

11. 利用转账延迟到账的功能，给自己留下足够的时间考虑。

12. 长期存款可以使用银行存单，虽然不如银行卡灵活，但安全性更高。

通过这些措施，我们可以更好地保护自己的财产安全，避免不必要的损失。同时，也要多关注时事新闻，了解最新的诈骗手段，提高自己的防范意识。

别羞于和孩子谈钱，孩子的金钱观很重要

别忽视了跟孩子谈钱，你不教他，社会就会教他。

你身边是不是有这样的孩子，他认为他所获得的一切，对他来讲都是应该的，一点儿都不会珍惜自己所拥有的，认为所有东西都是唾手可得的，所以也就不去努力了。

很多家长为了孩子倾其所有。上学时报各种兴趣班，大了又给他准备彩礼、婚房，把自己所有的积蓄花得精光。甚至把老家的房子卖了，到大城市给孩子买房，自己却过着寄人篱下的生活。尽管这样，父母还是无怨无悔地继续托举。

怎么才能让孩子小时候就有正确的金钱观呢？一定要给他零花钱。有固定数额零花钱的孩子从来不会乱花钱，因为他知道这些零花钱是按月给他的，是他自己唯一可以支配的钱，会计划着花，他花每一分钱的时候都会算计，而且你要给他设定好底线，这样他就不会轻易去买那些垃圾食品，不会大把地花钱打游戏。

给孩子零花钱时有 3 点一定要记住：第一，要在每月固定的日期，给他固定的钱数，金额不要太大；第二，给他充分的使用自由；第三，给他设定底线，规定哪些东西坚决不能买。

只要这 3 点贯彻执行好，孩子的金钱观就会慢慢地树立起来。为什么有的孩子会买 3000 元的游戏皮肤，因为家长没有从小对他的财商进行很好的培养，不从小培养他的财商，早晚会有人给他上这一课。一定要提前让他感受到钱的来之不易，直接用行动教他。比如，如果他把钱花完了还想买，你可以把钱借给他，给他算利息，而且是高额的利息，让他知道钱不是随便可以借的。将来走入社会以后，他就会知道挣钱不容易，借钱更要谨慎。

校园贷、网贷，专门盯着没有经过社会历练的，没有金钱意识的孩子，往往这些孩子上了大学之后，相互攀比，会为了一个手机或奢侈品去贷款，还不上了还不敢跟家里人说，最后就会越陷越深。

孩子正确的金钱观一定要从小建立起来，这样他才不会在任何一个成长阶段，理直气壮地跟你要那些超出自己家庭支出能力的奢侈品；不会上大学时跟你要超出正常消费的生活费；到了社会之后，不会再吃负债累累这种苦。

后 记

体验美好，体验糟糕，好与坏我都能接受

一不小心已经 54 岁了，人生也算是过了一大半了，但我内心还是觉得自己没老，只是看待问题开始变得通透了。其实每天都体验着美好，体验着糟糕，不再会有大喜大悲，会欣然接受所有的事。挣钱和存钱其实都非常重要，但爱自己，让自己处于一个较好的、健康的状态是更重要的。

人这一生其实都在为情绪买单，挣钱、买房、结婚生子、购物、吃顿大餐，其实都是为了两个字：开心。存钱人一定要让快乐成为自己生活的主旋律，无论发生任何事情，你都要有快乐起来的能力。

快乐很简单，记住三大秘诀：无所谓、不至于、没必要。万事尽心尽力就好。要学会坦然接受，学会放下，一切顺其自然。烟火人间，各有遗憾，只跟自己比，只要今年比去年好，今天比昨天好，你就会觉得每天都快乐无比。养好自己的心态，比吃任何

保健品都管用。更重要的是，心态好，财富自然就来了，钱也就会越存越多。

如果你没病没灾，偶尔还吃个大餐，偶尔能睡到自然醒，偶尔买一件自己喜欢的衣服或者存一克黄金，手里有存款，那么你就已经很幸福了。有些人常常对一件事情抱有幻想，可是事情确确实实已经是这样了。我们要接受现实，接受事与愿违，这样就能活得通透了。

如果你实在想不开，就去医院看看。好在我们还很健康，还有挣钱的能力，对吧！有什么可烦恼的呢？认认真真地过好每一个平凡的日子，已经是一件很棒的事了。好好生活，好好爱自己，好好享受幸福生活。我们要把时间分给睡眠，分给书籍，分给运动，分给值得你分享的人。只有学会做自己，合理支配自己人生中有限的时光，所有的焦虑、烦恼才有可能烟消云散。

我想说的是，我们每个人的生活都是平淡的，但是完全不妨碍我们去接受，去体验，去记录。现在的生活，无论好与坏，无论开心还是难过，都值得珍惜。有些时候我们看起来不那么光鲜，甚至是有点狼狈，但活着就好。我们本来就是普通得不能再普通的人。

作为一个普通上班族，平淡且平静，期待着每一个周末，期待着每一个节日，期待着生活中的每一次美好。生活本就平淡如水，放点盐它就是咸的，放点糖它就是甜的，想调成什么味，全凭你自己。

健康地活着，平静地过着，开心地笑着，适度地玩着。

相信我们都会越来越好！

加油，存钱人！